마음을 이어주는 조금 특별한 선물포장 이야기

바람마녀의 선물포장 토크

최주희 지음

바람마녀의
포장디자이너로 사는 이야기

"이것 좀 포장해주실 수 있을까요?"

종종 포장 일을 해주던 회사에서 소개받았다며 전화를 걸어온 어떤 남자분이 제 작업실로 찾아와 작은 선물상자 하나를 내밀었어요. 그즈음 포장하는 일에 대해 깊은 슬럼프에 빠져있던 터라 한 개의 포장을 위한 갑작스런 방문이 솔직히 그리 좋지만은 않았어요. 그래도 포장해주는 숍이나 백화점 포장코너도 많은데 저를 찾아 와준 그 분을 위해 정성껏 포장을 하고 쇼핑백에 담아 주었지요.

포장하는 저의 손놀림이 신기했는지 한동안 시선을 떼지 않고 구경하던 그 분은, 내민 쇼핑백을 두 손으로 받아들더니 고맙다는 인사까지 꾸벅 하고는 발걸음을 돌렸지요. 오시느라 고생하셨다며 배웅하고 문을 닫으려는데, 계단을 내려가는 그 분의 얼굴과 손이 눈에 들어오더라구요. 처음 제 작업실에 들어설 때보다 훨씬 밝고 들떠있는 표정, 들고 가기 편하라고 손잡이 달린 쇼핑백에 담았건만 선물을 품에 꼬옥 안고 가는 두 손. 밝고 들뜬 표정에서 포장이 선물하는 기쁨과 의미를 얼마나 업그레이드시켜 줄 수 있는지를 읽을 수 있었어요.

그 무렵 제가 슬럼프에 빠졌던 건 포장 일이 하찮게 느껴졌기 때문이에요. 포장은 결국 분리수거함에 들어가는 재활용품이니 간소해야 하며, 포장에 비용을 쓰는 것보다는 차라리 선물에 투자하는 게 훨씬 낫다는 일부 사람들의 선입견에 지쳐가고 있었다고나 할까요. 포장은 선물하는 이의 마음과 정성의 표현이라는 배움과 믿음도 현실에서는 먼, 겉만 거창한 얘기처럼 느껴질 뿐, 그 의미를 점점 잃어가고 있었으니까요.

그 후로도 포장 일을 하면서 포장의 중요성과 가치를 깨달을 기회가 많았어요. 기프트데이 시즌에는 예쁘고 정성스럽게 포장된 상품이 고객의 마음을 사로잡고 매장의 매출을 높이는 일을 경험했고, 때로는 재료

비를 절감한 포장만이 최선이 아니라는 결과를 접하기도 했지요. 지금도 가끔씩 포장에 관한 좋지 않은 선입견과 마주할 때가 있어요. 물론 제가 지나칠 정도의 과대 포장을 선호하는 사람은 아니지만, 그런 선입견들이 좀더 달라질 수 있도록 포장을 하는 것도 저 같은 포장디자이너들이 풀어야 할 영원한 숙제일지도 모르겠어요.

몇 해 동안 블로그의 이웃들, 지인들과 선물놀이를 하면서 포장이 없는 선물이라 해도 받는 사람을 감동시킬 수 있다는 걸 많이 깨달았어요. 기념일을 잘 챙겨주는 제 친구의 선물에는 늘 포장이 없지요. 자기는 그런 곰살맞은 일은 못한다며 포장하는 일을 직업 삼아, 취미 삼아 하는 저를 신기해한답니다. 그런데도 전 늘 친구의 선물에 감동하고 오래 행복해하지요. 선물이란 그렇게 사람과 사람 사이를 이어주는 것, 더 돈독하게 만들어주는 것이란 생각이 들어요. 그러고 보면 포장이란 선물의 양념적인 요소인 셈이지요. 더 예쁘고, 더 정성스럽고, 더 신경을 많이 쓴 것… 그런 섬세한 차이가 때로는 받는 사람의 마음을, 선물하는 의미를, 사람의 관계를 다르게 만들고 때로는 크고 작게 변화시키지요.

그런 일상의 선물놀이를 기록해놓은 게 지금의 제 블로그예요. 특별한 의도에서 시작한 건 아니지만 언제부턴가 더 많은 사람들이 부담스럽지 않은 선물을 주고받는 문화가 자리 잡고, 포장에 대해 새롭게 바라볼 수 있기를 바라는 마음이 되었어요. 포장이 선물에 거창한 옷을 입히는 것이 아니라, 선물을 전하는 마음을 담아주는 그릇임을. 그리고 풀고 나면 버려지는 것일지라도 그 한순간을 위해 많은 고민과 노력을 하는 사람들도 있음을.

어쩌면 저는 선물놀이의 무대에서 늘 주인공이 아닌 영원한 조연인지도 모르겠어요. 그렇다고 조연이라 해서 열심히 연기하지 않아도 되는 건 아니잖아요.

오래 전엔 포장을 잘 하는 사람이 되고 싶었어요. 하지만 언제부턴가 '잘 한다는 의미가 무엇일까…' 기준이 애매모호해지곤 해요. 마음그릇을 만드는 일에 기법이 뛰어나고 아름다운 포장만이 최선이 아님을 알았기 때문일까요. 포장하는 순간순간을 즐기면서, 그 마음 전해지는 행복 바이러스 같은 포장을 하고 싶어요. 이 일을 할 수 있는 날까지.

Special Thanks to…

출판 진행에 도움을 준 정다혜 기자, 비앤씨월드 식구들, 템플릿 일러스트 작업에 도움 준 혜미 언니, 늘 곁에서 힘이 되어주시는 사랑하는 나의 부모님과 가족들, 그리고 나의 베프에게!

CONTENTS

선물포장 첫번째 토크 사랑은 표현하는 것, 수줍게 마음 보여주기

Wrapping talk

선물포장 두번째 토크 나만의 방법으로 메시지 전하기

선물포장 세번째 토크 선물에 사랑 꾹꾹 눌러 담기

Wrapping talk

선물포장 네번째 토크 때로는 지구도 생각하기

포장의 기본도구와 재료들을 알아봐요

일상생활에서 흔히 보는 문구류들도 포장에선
아주 중요한 기본도구랍니다. 포장할 때 꼬옥 필요한 기본도구들에는
어떤 것들이 있는지 살펴봐요.

❶ 아일렛세트

아일렛은 뚫은 구멍이 해지지 않도록 끼우는 철제 부속품이에요. 아일렛을 사용하면 끈이나 리본 등을 끼웠을 때 구멍이 해지지 않고 다양한 색상과 모양으로 장식 포인트를 줄 수도 있답니다. 아일렛펀치는 구멍을 뚫는 펀치의 기능과 뚫은 구멍에 아일렛을 끼워 고정하는 기능이 있는 도구예요.

❷ 공예 와이어

손으로 쉽게 구부릴 수 있을 정도로 가는 철사에 종이를 촘촘하게 감아 놓았어요. 모양 잡은 리본장식을 감아 고정하거나 주름잡은 부직포 등의 포장재에 감아 모양을 유지할 때 주로 쓰여요. 흰색 외에도 초록색, 금색 등이 있어서 용도에 따라 색상을 선택해 사용할 수 있어요.

❸ 가위

재료를 깔끔하게 오리거나 자르려면 가윗날을 잘 유지해야 하지요. 종이용과 리본용으로 나누어 사용하고 다른 용도로 사용하지 않는 게 가윗날을 손상되지 않게 하는 비결이에요.
종이용은 비교적 가볍고 손잡이의 움직임이 부드러운 가위로, 리본용은 넓은 리본도 쉽게 자를 수 있을 만큼 가윗날이 두껍고 묵직한 가위를 고르는 게 사용하기 편하답니다.

❹ 핑킹가위

오리면 톱니 모양을 내는 가위예요. 종이를 오려 장식을 만들거나 필름지, 부직포 등으로 모양 잡은 포장의 끝을 정리할 때 주로 사용해요. 톱니 모양뿐 아니라 둥근 모양의 라운드 핑킹가위도 있답니다.

❺ 모양가위

오린 모양이 특정하고 일정한 모양 패턴을 낼 수 있도록 가윗날을 만들었어요. 포장지를 잘라 모양내거나 카드를 만드는 등 다양한 용도로 활용할 수 있답니다.

❻ 양면테이프

일반적인 셀로판테이프를 겉에 붙이는 것보다 시접에 양면테이프를 조금 붙여 사용하는 게 접착력도 좋고 보기에도 깔끔해요. 주로 7mm를 가장 많이 사용하고, 5mm, 10mm, 13mm, 25mm 등이 있어 시접 두께와 용도에 따라 다양하게 골라 사용할 수 있어요.

❼ 롱로우즈

리본의 주름과 모양을 고정한 와이어의 마무리에 쓰는 도구예요. 리본장식의 중심에 끼운 중심 철사나 와이어의 부피를 줄이고 안정감 있는 형태를 만들려면, 롱로우즈를 사용해서 앞뒤로 한번씩 눌러주면 되어요.

❽ 니퍼

리본장식이나 부직포 등을 고정할 때 사용한 와이어를 자르거나, 조화나 열매장식 등의 부자재를 자를 때 사용하는 도구랍니다.

❾ 글루건과 심

골판지처럼 두꺼운 종이로 상자를 만들 때 많이 사용하는 도구로, 열로 녹인 심이 굳으면서 강한 접착력이 생긴답니다. 조화, 열매 등의 오너먼트를 붙일 때 사용하기도 하는데, 받는 사람이 포장을 풀기 쉽도록 감안해 사용하세요.

⑩ 컴퍼스

원을 그릴 때 사용하는 도구. 원을 활용한 상자 전개도 등을 그릴 때 주로 사용하고 작은 원은 동그라미 모양자나 모양 펀치를 사용하면 편리해요.

⑪ 칼

포장지 등의 종이를 자를 때 가위를 사용하는 것보다 칼을 사용하면 좀더 정확하고 빠르게 자를 수 있어요.

⑫ 샤프펜슬

포장지로 포장할 때는 사용하지 않지만, 상자를 만들거나 모양 등을 그릴 때 사용해요. 끝이 뭉뚝한 연필보다 얇은 샤프펜슬을 사용하는 게 자르거나 오릴 때 더 정확한 모양을 만들 수 있어요.

⑬ 스테이플러

리본 장식 등을 만들 때 모양 잡은 리본을 고정하거나, 조립한 상자를 고정할 때 주로 사용해요.

⑭ 셀로판테이프

접은 포장지를 고정하거나 포장지가 움직이지 않도록 상자에 잠시 고정해둘 때 주로 사용해요. 겉면에는 사용하지 않고 보이지 않는 안쪽에 쓰는 게 좋아요.

⑮ 풀

상자에 종이를 붙여 리폼하거나 종이끼리 붙여서 태그 등의 장식품을 만들 때 주로 써요. 접착 면이 좁을 경우엔 주로 고체형 풀을 사용하지만 넓을 경우엔 스프레이 풀을 쓰면 효과적이니 참고하세요.

⑯ 지우개

상자 전개도를 그리고 오린 후, 접히는 선을 칼등으로 긋고 나면 지우개로 접히는 선을 지워주는 게 좋아요. 겉에서 보이지 않는 안쪽 면이지만 샤프펜슬로 그린 선을 지워야 더 깔끔하겠죠.

⑰ 자

정확한 치수가 중요한 상자를 만들 때 주로 사용해요. 반면에 포장지를 사용할 때는 자를 쓰지 않고 눈으로 익혀둔 치수를 가늠해 포장하세요.

포장에 꼭 필요한 포장지, 어떤 것이 있을까요?

포장에 있어 절대 빠질 수 없는 포장지에도 다양한 종류가 있답니다.
포장지만 잘 골라도 포장의 전체적인 느낌이 확 달라지지요.
재료와 질감에 따라 분류한 여러 가지 포장지들을 살펴봐요.

❶ 골판지

물결모양으로 골을 만든 골심지에 빳빳한 판지인 라이너지를 붙여서 만든 것. 완충도가 높고 가볍기 때문에 상자 만들기 재료로 많이 쓰여요. 주로 단면골판지가 가장 많이 쓰이고, 판지를 양쪽으로 붙이거나 골심지를 이중으로 붙여서 완충도를 더 높인 골판지는 택배상자와 같은 외부포장용 재료로 많이 쓰여요.

❷ 크린에코지

목재 표백시 염소나 염소산나트륨을 사용하지 않은 환경친화적인 컬러보드지. 표면이 곱고 탄력이 좋은 것이 장점이라 상자 제작의 재료로도 쓰인답니다.

❸ 매트보드지

종이의 강도가 커서 상자 제작용으로 많이 쓰이는 종이. 다른 상자 제작용 종이에 비해 자르기가 쉬운 편이고 종이가 휘는 컬(Curl)현상이 적어요. 요즘엔 재생용지를 사용한 내추럴한 보드나 다양한 색상의 컬러보드지들이 많이 출시되고 있답니다.

❹ 크래프트 보드지

표백하지 않은 크래프트 펄프로 만든 보드지. 단단한 재질의 침엽수 펄프로 만들어서 종이 강도가 뛰어나요. 특유의 거칠고 성긴 느낌과 코팅처리를 하지 않은 표면이 내추럴한 느낌을 돋보이게 한답니다.

❺ 유산지

흔히 기름종이라고도 하는 유산지는 분해한 화학펄프에 유분을 흡수시킨 글라신지의 하나랍니다. 표면이 매끄럽고 얇으며, 광택이 나고 반투명한 것이 특징이에요. 디자인 글자나 이미지들을 인쇄한 유산지들도 많이 나오고 있으며, 내수성이 뛰어나서 과자나 케이크 등의 포장에 많이 쓰여요.

❻ 왁스페이퍼

글라신지나 내유성 종이, 방수지와 같은 종이에 왁스 약품으로 코팅처리한 종이. 수분을 차단하고 유분에 강한 특성이 있어서 베이킹이나 샌드위치 등의 포장재로 널리 쓰이고, 얇기 때문에 주름잡아야 하는 포장에 활용해도 좋아요.

❼ 부직포

실을 짜서 만드는 패브릭과는 달리 섬유에 열과 압력을 가해 시트형태로 만든 천이랍니다. 부드러워서 속포장 재료로 쓰이기도 하고, 형태가 일정하지 않은 부정형의 선물을 포장하거나 꽃 포장 재료로 가장 많이 쓰여요.

❽ 아트지

화학펄프만으로 만든 상질지나 중질지와 같은 원지에 광택 가공을 한 종이. 한쪽 면에만 광택이 있거나 양쪽 모두 광택이 있고 표면이 매끄럽고 부드러운 것이 특징이에요. 인쇄가공성이 좋아서 다채로운 색상과 패턴의 포장지가 많이 판매되고 있어요.

❾ 타공지

일정한 간격으로 구멍을 뚫은 종이. 구김이 있거나 펠트무늬, 구름무늬 등 질감이 다양하고 펄감이 있는 것도 있습니다. 색상이 다양한 단색포장지가 대부분이고, 구멍이 있다는 특성을 살려 포푸리와 같은 방향제를 담아 포장하기도 해요.

❿ 구김지

자연스러운 구김이 느껴지는 독특한 표면질감의 포장지. 펄감이 있는 펄구김지와 일반 구김지가 있으며 두께에 따라 다양한 용도로 활용할 수 있어요. 내구성이 좋고 종이 강도가 뛰어나 특히 얇은 구김지는 원통 포장처럼 주름을 많이 잡아야 하는 포장에 사용하면 좋아요.

⓫ 주름지

잔주름이 촘촘히 나 있는 포장지로 질기고 신축성이 좋아요. 주름이 큰 종이는 꽃 만들기와 같은 종이공예용으로 많이 쓰고 잔주름이 있는 것은 포장지용으로 주로 씁니다.

⓬ 모시지

엠보스 가공처리로 모시와 같은 느낌을 표현

한 포장지. 앞뒤 면의 차이가 거의 없고 표면 질감이 섬세해요.

⑬ 직녀지
굵은 실이 성기게 짜인 삼베와 같은 질감을 가진 종이예요. 두께가 다양한 단색 포장지랍니다.

⑭ 한지
닥나무 안쪽의 섬유질로 만든 종이로 고려시대로 거슬러 올라갈 만큼 역사가 긴 전통지랍니다. 질기고 강한 것이 특징이며, 수명이 긴 것이 장점이에요. 닥나무, 버드나무, 짚 등의 원료에 따라 여러 종류로 나뉘며 특유의 자연스러운 질감과 색감으로 전통 포장이나 명절 포장 등에 많이 쓰여요.

⑮ 스타드림지
매끄러운 표면 질감에 반짝이는 펄 느낌이 강한 대표적인 메탈릭 포장지예요. 고유의 펄 감이 고급스러운 분위기를 연출하기에 좋답니다. 포장지용으로 나온 것은 두께가 두꺼운 편이고 4절 크기로는 좀더 얇은 종이를 구입할 수 있어요.

⑯ 상질지
천연나무소재가 아닌 화학펄프 100%로 만든 종이로 표면이 매끄럽고 색상이 희며 탄력이 있답니다. 주로 수입포장지가 많으며 다양한 패턴과 색상의 포장지를 구입할 수 있어요.

⑰ 크래프트지
크래프트 펄프로 만든 붉은색이 감도는 갈색 종이. 질기고 자연스러운 색상으로 포장재료에 많이 사용돼요. 소포용지처럼 표백하지 않은 포장지와 표백 후 인쇄가공한 것은 포장지나 봉투 제작 등에 많이 쓰인답니다.

⑱ 꽃지
입체감 있는 작은 꽃무늬가 있는 포장지. 주로 은은한 색감이 많고 접고 자르기에 적절한 두께라서 포장용으로 널리 사용해요.

⑲ 골지
줄무늬 골이 나있는 포장지로 두께가 있고 단색이 주를 이룬답니다.

⑳ 엠보싱지
표면에 일정한 간격과 크기로 엠보스 가공처리한 대표적인 엠보싱 포장지예요. 엠보싱 모양이 바둑판과 비슷해서 바둑지, 파인애플껍질 같다고 해서 파인애플지라 불리기도 해요.

㉑ 심플렉스지
격자무늬 엠보가 세밀하게 표현된 종이로 찢김과 긁힘에 강한 것이 특징이에요. 두께감이

있어서 상자가 없는 선물을 포장했을 때 모양 유지가 잘되는 편이에요.

㉒ 양면지
앞과 뒤를 모두 겉면으로 사용할 수 있는 포장지. 주로 앞면은 다채로운 디자인 패턴이 인쇄되어 있고, 뒷면은 단색인 경우가 많아요. 질기고 광택 없이 한쪽 면에만 엠보 처리가 되어있는 레자크지가 양면포장지로 많이 나오는 편이에요.
양면레자크지는 디자인 패턴이 다양하고 가격이 저렴해서 포장지로 가장 많이 사용된답니다.

포장을 돋보이게 해주는 리본들을 살펴봐요

포장하면 빠질 수 없는 것이 바로 리본이죠.
포장을 돋보이게 해주는 다양한 리본들을 소개합니다.

❶ 라피아끈
열대 나무껍질로 만든 끈으로 지푸라기나 갈댓잎과 비슷한 느낌이 나서 자연미를 살리는 포장에 쓰면 좋아요. 요즘엔 천연 라피아와 촉감은 다르지만 보기에 비슷하게 만든 종이끈이 저렴한 가격으로 많이 나와 라피아끈처럼 쓰이고 있어요.

❷ 햄프 마끈
마 중에서 가장 질이 좋은 대마(hemp)로 만든 끈. 시중에 많이 나와있는 갈색의 마끈은 대마보다 질이 낮은 황마로 만든 게 대부분이에요. 햄프 마끈은 면보다 수분흡수력이 좋고 냄새가 나지 않으며 부드러운 촉감이 특징으로 다양한 색깔과 굵기의 끈이 나와 있어요.

❸ 지끈
종이를 꼬아 만든 후 여러 색상을 염색한 끈. 돌돌 만 끈의 끝부분을 펼쳐서 사용할 수도 있고, 펼쳐진 제품도 있습니다. 종이 재질의 자연스러운 느낌이 한지와도 잘 어울리며 전통포장에 많이 사용해요.

❹ 왁스끈
면으로 만든 끈에 염색 후 왁스로 코팅처리한 끈이에요. 굵기나 색상이 다양해 다채로운 포장지의 색상과 매치하기 좋아요.

❺ 면리본
면 소재로 만든 리본이라 신축성이 있고 구김이 잘 가는 편이지만 내추럴하고 부드러운 느낌으로 선물포장에 많이 쓰여요. 실을 꼬아서 빗살무늬로 짠 것도 있고 다양한 디자인 글자나 이미지들이 프린트된 제품들도 많이 나온답니다.

❻ 폴리리본
폴리에스테르를 방사해서 얻는 합성섬유로 만든 리본이에요. 구김이 잘 가지 않고 가벼우며 디자인이 다양한 게 특징이에요.

❼ 원단리본
모직이나 면 등의 원단에 심을 넣거나 접착제를 발라 만든 리본. 대체적으로 리본 폭이 넓은 편이며 원단 자체의 느낌이 살아있어요.

❽ 골지리본
그로그랭리본(Grosgrain Ribbon)이라고도 하며 리본에 일정한 골이 나 있고 색상과 디자인이 다양해요. 무늬가 프린트되어 있는 걸 제외하고는 보통 앞뒤의 구분이 없는 편이에요.

❾ 니트리본
얇은 실을 여러 겹 꼬아준 뒤 니트 느낌이 나도록 제직해서 만든 리본. 아크릴사나 모노사 등으로 만든 것이 많고, 따뜻한 털실로 짠 니트리본들도 있답니다.

❿ 컬리본
얇은 비닐 소재로 만든 리본. 가위로 쓸어내려 컬을 만들면 귀엽고 풍성한 볼륨 장식을 만들 수 있습니다.

⓫ 스웨이드끈
인조가죽으로 만든 끈을 말해요. 새끼 양이나 소의 가죽을 부드럽게 만든 스웨이드의 느낌과 비슷해서 스웨이드끈이라고 한답니다. 재료시장에서는 흔히 '세무줄'이라고 불러요.

⑫ 스트링

면이나 폴리에스테르 등의 소재로 만든 다양한 실로 두 가지 색상의 실을 꼬아 만든 제품들도 있어요. 요즘엔 스트링이라는 이름으로 출시되는 이런 실들과 털실 등도 선물포장에 많이 쓰이는 추세랍니다.

⑬ 체크리본

체크 문양이 프린트되어 있는 리본. 체크문양의 패턴과 색상이 다양해서 많이 사용하는 편이에요.

⑭ 피코트리본

리본 가장자리 양쪽에 장식이 연속적으로 달려 있는 리본. 리본의 색상에 따라 달려있는 피코트의 색상도 달라요. 여성스럽고 우아한 분위기나 귀여운 느낌을 연출할 때 종종 쓰여요.

⑮ 줄 구슬

작은 구슬이 끼워져 있는 끈으로 작고 둥근 원 모양, 꽃 모양, 하트 모양 등 디자인이 다양해요. 리본 위에 묶어 마무리 장식을 만들 때 많이 활용한답니다.

⑯ 공단리본

광택이 곱고 촉감이 부드러운 견직물로 만든 리본으로 과거에는 비단과 같은 견직물로 많이 만들었지만. 지금은 인조섬유를 새틴위브(Satin Weave)라 부르는 제직방법을 거쳐서 만드는 경우가 많아요. 그래서 새틴리본이라고 부르기도 합니다. 한쪽 면에만 광택이 있는 것과 없는 것, 단면이나 양면, 무늬패턴이 있는 것과 없는 것 등 종류와 두께, 색감이 다양해서 선물포장에 가장 많이 쓰이는 리본 중 하나예요.

⑰ 와이어리본

와이어 에지 리본(Wired-Edge Ribbon)이라고도 하며, 리본 가장자리에 와이어가 들어가 있어 리본장식의 모양을 만들기 쉽고 형태가 잘 유지되는 장점을 가진 리본이에요. 와이어를 잡아당겨 주름을 만들 수도 있어서 장미꽃 등의 리본소품을 만들 때도 쓰여요.

⑱ 벨벳리본

표면에 연한 섬유털을 촘촘하게 심은 벨벳 소재의 리본. 재질의 특성상 다른 리본에 비해 두꺼우며, 무겁고 따뜻한 느낌을 준답니다.

⑲ 레이스리본

레이스 실을 코바늘로 뜬 것 같은 느낌이 나는 리본으로 리본 전체가 레이스로 되어 있거나 가장자리만 레이스로 된 것도 있어요.

⑳ 오건디리본

제직한 올과 올 사이의 공간이 넓은, 얇고 반투명한 직물로 만든 리본. 재질상 하늘하늘한 소재여서 여성스럽고, 얇게 비치는 특성이 있어서 신비로운 느낌을 주기 좋아요. 가장자리에 와이어 처리된 리본 등 색상과 디자인이 다양해서 다른 리본과 매치하기 좋아 선물포장에 가장 많이 쓰여요.

보조도구와 부재료로 포장 업그레이드

포장을 좀더 다채롭게 해보고 싶을 때 어떤 도구나 재료가 추가되면 좋을까요.
가지고 있으면 유용하게 쓸 수 있는 도구들과 액세서리를 살펴보아요.

❶ 패브릭

패브릭이 친숙하다면 종이 대신 사용해도 좋아요. 보자기처럼 패브릭을 활용해 포장하거나 조각천이 있다면 버리지 말고 태그 등의 장식으로 활용해보세요.

❷ 스티커

메시지가 쓰여진 스티커나 예쁜 그림이 인쇄된 스티커 등 포장지와 리본의 색상 등에 맞춰 골라 쓰는 게 좋아요. 바로 붙이기도 하지만, 비닐봉투나 쇼핑백 등의 입구를 붙이거나 리본 끝부분을 함께 붙여 사용하기도 해요. 포장에 포인트를 줄 수 있는 쉽고 간단한 장식재료랍니다.

❸ 타슬(Tassel)

여러 번 감은 끈의 가운데를 묶은 후 뒤집어서 윗부분을 다시 묶어 만든 장식품이죠. 구슬이나 매듭을 달아 놓은 것 등 디자인과 색상이 다양해요. 주로 전통포장이나 명절포장에 많이 쓰인답니다.

❹ 태그용지

스탬프를 찍거나 스티커 등을 붙여서 선물 받는 사람에게 메시지 등을 전하고, 포장의 아름다움을 더해주는 태그(Tag). 자투리 종이를 잘라 만들 수도 있지만 하트, 꽃, 원 모양 등의 다양한 시판 태그용지를 활용해서 만들어도 좋답니다.

❺ 레터링지

글자를 새길 수 있는 필름. 원하는 위치에 레터링지를 놓고 스타일러스로 살살 문지르면 글자를 새길 수 있어요. 스탬프가 없을 때 활용해도 좋고 좀더 깔끔한 느낌을 연출하고 싶을 때 사용해도 좋아요. 스타일러스 대신 샤프펜슬처럼 뾰족한 도구를 활용하는 것도 방법.

❻ 스탬프

메시지나 다양한 디자인의 이미지에 도장처럼 잉크를 묻혀 찍을 수 있는 도구예요. 메시지카드나 태그, 수제 포장지 등을 만드는 데 폭넓게 활용 가능해요. 손잡이가 나무 소재로 된 마운트 스탬프, 전용 아크릴 블록에 접착제 없이 고무를 붙여서 사용하는 클리어 스탬프, 다이와 쿠션만 있는 언마운트 스탬프 등이 있어요. 메시지는 알파벳 스탬프를 활용하거나 원하는 메시지의 스탬프를 구입해두면 포장할 때 유용하게 사용할 수 있답니다.

❼ 스탬프 클리너

예쁘게 스탬핑하는 것만큼 스탬프를 깨끗하게 관리하는 것도 중요해요. 수성 잉크를 활용했다면 물티슈를 사용해서 스탬프를 청소하고, 유성 잉크와 스탬프의 묵은 수성잉크는 전용 스탬프 클리너를 활용해 청소하는 게 좋아요.

❽ 스탬프 잉크

잉크의 특성을 잘 알고 사용하면 더 효과적인 스탬핑 작업을 할 수 있답니다. 보통 펠트소재로 되어 있는 다이 잉크(Dye Ink)는 수성으로 대부분의 종이에 작업이 가능하며 빨리 마르고, 색상이 반투명하면서 종이에 스며드는 성질이 있기 때문에 종이의 색상과 섞여 다양한 색으로 보이기도 해요. 수성으로 건조가 느린 피그먼트 잉크(Pigment Ink)는 주로 스폰지소재로 되어 있고, 종이 표면에 불투명한 막을 형성하기에 색상이 있는 종이에 작업해도 선명하게 보이는 특징이 있어요. 패브릭에는 작업 후 다리미 등으로 열처리하면 영구보존이 가능한 베르사 크래프트(Versa Craft)와 같은 패브릭/크래프트 잉크를 사용하는 게 좋답니다.

❾ 모양펀치

여러 가지 모양으로 종이에 구멍을 낼 수 있는 도구. 요즘엔 다양한 모양의 펀치들이 출시되어 있어서, 태그를 만들고 포장지에 모양을 내거나 메시지카드를 만드는 등 여러 아이디어로 활용할 수 있어요.

❿ 패킹재

선물을 보호하거나 내용물이 풍성해 보이도록 상자에 넣는 장식재료. 종이를 가늘게 자른 페이퍼 스타핑이 가장 많이 쓰이고, 에어캡과 같은 비닐소재, 가공 처리된 나무껍질 등의 자연소재로 만든 재료를 쓰기도 해요.

⓫ 보더펀치

한 번 찍어서 특정한 모양을 내는 모양펀치와는 다르게 종이의 테두리
를 연속적으로 레이스처럼 모양낼 수 있는 펀치예요. 요즘엔 하나의 보
더펀치로 일자, 삼각형, 사각형, 오각형, 육각형 등 여러 가지 모양을 낼
수 있는 멀티 보더펀치들도 출시되고 있어요. 원하는 모양으로 찍어낸
종이는 포장의 장식물로 쓰기에 좋답니다.

⓬ 스타일러스

끝부분이 둥근 펜으로 엠보싱 혹은 트레이싱펜이라고도 해요. 둥근 모
양이 작은 것은 레터링지로 글자를 새기거나 종이를 접을 때 사용하고,
큰 것은 입체감 있는 꽃 모양을 만들 때 많이 사용한답니다.

⓭ 디자인테이프

종이나 셀로판테이프에 그림, 디자인 글자 등의 이미지가 인쇄되어 있
는 테이프로 포장에 응용해보아도 좋아요. 종이로 된 것은 마스킹테이
프라고도 한답니다.

⓮ 조화와 열매

종이나 헝겊 등으로 만든 꽃과 줄기에 붙어 있는 잎사귀, 인조 열매
를 자르거나 뜯으면 내추럴한 포장의 장식재료로 사용하기에 좋아요.
상자의 뚜껑에 글루건으로 붙여 장식하거나 선물을 묶은 끈에 끼워
주어도 돼요.

⓯ 나무집게

봉투나 쇼핑백의 끝에 꽂아 봉하거나 태그를 고정할 때 많이 쓰이는 장
식물. 민자 나무집게에 액세서리를 붙여서 쓰거나 디자인이 가미된 나
무집게도 있어요. 여러 가지 크기가 나와있으니 포장 완성품의 크기에
맞게 골라 사용하세요.

⓰ 진주구슬

포장의 액세서리로 많이 쓰이는 장식재료로 6mm, 8mm, 10mm 등의
크기와 색깔, 광택 정도가 다채로운 부자재예요. 글루건으로 리본장식
위에 붙여서 많이 쓰는데, 포장 풀 때를 고려해 사용하는 게 좋아요.

바람마녀가 알려주는 포장의 기본기

재료 구입부터 재단, 도구 사용법까지 포장을 할 때
알아두면 정말 유용한 기본기를 독자 여러분께만 살짝 귀띔할게요.

❶ 막막한 포장재료 구입은 이렇게

선물의 크기나 형태를 가장 먼저 고려하세요. 그런 다음
선물에 맞는 포장법을 결정하고, 그에 적절한 포장재료를
구입하는 게 좋아요. 형태가 일정하지 않은 선물을 포장
하는데, 두꺼운 포장지를 구입해놓고 부직포 주머니와 같
은 포장을 하겠다면 어렵겠죠? 마지막으로 선물의 색상이
나 받는 사람의 취향 등을 고려한다면 더 의미 있고 센스
있는 포장이 될 거예요.

❷ 알뜰한 포장지 재단의 시작

포장지를 가로방향으로 재단할지, 세로방향으로
재단할지를 먼저 정하는 게 좋아요. 이때 선물크
기와 재단방법에 따라 버리는 포장지가 적게 나
도록 하는 게 포인트랍니다.

❸ 포장지의 재단은 정확하게, 포장지의 접은 선은 명확하게

재단할 때는 자를 사용하지 않고, 포장지를 살짝 접어 재단할 지점
을 표시하는 게 좋아요. 그런 다음 표시한 지점을 기준으로 포장지를
접어 자르는데, 접을 때는 선이 분명하도록 접어주세요. 그래야 좀더
빠르고 정확하게 포장지를 재단할 수 있답니다.

④ 눈을 자로 만드는 습관 가지기

상자 만들기를 제외하고 포장할 때는 자를 많이 쓰지 않는 게 빠른 포장의 지름길이랍니다. 1cm, 2~3cm 등 재단크기에서 많이 나오는 치수는 눈으로 익히고 가늠해보는 습관을 들여보세요.

⑤ 양면테이프는 이렇게

양면테이프는 가급적 적게 사용하세요. 그래야 받는 사람이 뜯기 쉽고 포장재료를 재활용하기에도 좋답니다. 양면테이프는 가위나 칼로 자르기보단 손으로 뜯어서 사용하면, 가위나 칼에 접착제가 묻는 걸 방지할 수 있고, 좀더 손쉽게 포장할 수 있어요.

⑦ 리본은 이렇게

리본으로 매기할 때는 리본 줄이 들뜨거나 느슨하지 않도록 타이트하게 매어주세요. 다음 리본장식은 보우의 크기가 선물 크기에 적절하고, 중심을 조인 후 양쪽 리본고리의 크기가 같도록 만들어주는 게 안정감 있고 예쁘답니다.

⑥ 칼은 이렇게

포장의 가장 기본도구인 칼은 칼날을 길게 빼서 사용하는 게 편리해요. 포장지를 자를 때는 길게 뺀 칼날이 바닥에서 떨어지지 않도록 위로 밀듯이 자르는 게 요령이에요. 반면 상자를 만드는 종이나 골판지처럼 두꺼운 지류를 자를 때는 칼날을 잘라 한 번 교체한 후 자르면, 가위로 자르는 것보다 종이의 단면을 유지하면서 보다 깔끔하게 자를 수 있답니다.

⑧ 받는 사람을 배려하세요

받는 사람의 취향을 고려해서 선물과 포장재료를 구입하는 것만큼, 포장의 단계마다 풀기 쉽도록 배려하는 것도 중요해요. 과다한 접착제의 사용, 또는 풀어야 할 리본장식 위에 강력한 접착제로 많은 오너먼트를 붙이는 것 등은 보기에 아름다울지 모르지만 받는 사람이 풀기 어렵고 사용한 재료들을 재활용하기도 힘듭니다. 오너먼트의 위치 등도 풀기 쉽고, 오래 간직할 수 있도록 배려한다면 더 여운이 남는 포장이 될 거예요.

포장을 살려주는 매기와 리본장식 배우기

Ribbon and Tie

매기는 리본장식을 보다 손쉽게 만들 수 있도록 해주고,
포장에 시각적인 포인트와 변화를 줄 수 있는 포장의 기본 방법이랍니다.
한편 선물에 어울리는 리본은 포장을 훨씬 돋보이게 해주지요.
선물을 두르고 묶는 매기 기법과 다양한 리본장식 만드는 법을 배워봐요.

Tie 01

일자매기

리본 한 줄을 가로나 세로방향으로 두르는
기본적인 기법이에요. 리본줄이 느슨해지기 쉬우니
타이트하게 매어주세요.

1 : 원하는 리본장식을
만들 루프의 수와 다리
를 체크해주세요.

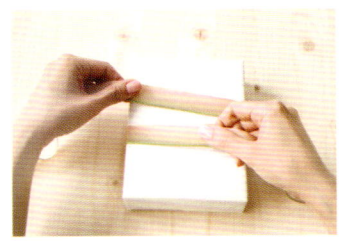

2 : 체크한 리본길이를
손으로 잡고 반대편 리
본으로 선물을 한 바퀴
둘러주세요.

3 : 리본이 엇갈리도록
묶어주세요.

Tie 02

사선매기

상자 가운데의 디자인이나 장식을
강조하고 싶을 때는 사선매기를 해보세요.

1 : 리본장식을 만들
루프 수와 다리를 체크
하고 체크한 지점이 중
심에 오게 선물 위에 사
선방향으로 놓아요.

2 : 반대편 리본으로 선
물 뒷면을 사선으로 감
싸고 1과 평행하게 선물
윗면을 둘러주세요.

3 : 리본으로 다시 선
물 뒷면을 사선으로 감
싸 상자 윗면의 원래 위
치로 올려주세요.

4 : 두 리본을 한 번 묶
은 후 대각선 방향이 되
도록 잡아 당겨주세요.

Tie 03
십자매기

다양한 선물의 크기에 잘 어울려서 가장 많이 쓰이는 기법이에요.
안정감 있게 맨 다음 무거운 선물에 활용하면 좋아요.

1 : 리본장식을 만들 루프 수와 다
리를 체크하고 선물 위에 놓은 후 반
대편 리본으로 선물을 한 바퀴 둘러
주세요.

2 : 리본이 서로 직각이 되도록 크로
스해주세요.

3 : 한 바퀴 둘렀던 리본으로 선물
을 한 바퀴 더 둘러주세요.

4 : 체크해놓은 리본으로 선물을 두른 리본을 덮은 후, 교차한 리본 중심의 아래로
덮은 리본을 넣고 대각선 방향으로 빼주세요.

5 : 리본이 서로 대각선 방향이 되도
록 잡아당겨 중심을 조여주세요.

Tie 04
삼각매기

V자매기라고도 하며 직사각형 상자에 많이 쓰는 편이에요.
주로 폭이 좁은 리본을 많이 사용하고 리본 교차지점을 상자 중심에 놓으면 X자 모양도 만들 수 있어요.

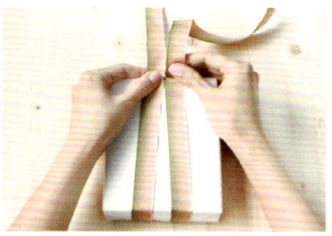

1 : 리본장식 만들 루프의 수와 다리를 체크하고 체크지점이 선물 끝에 오도록 놓은 후, 반대편 리본은 선물을 사선방향으로 한 바퀴 둘러주세요.

2 : 반대편 리본은 먼저 두른 리본과 삼각모양이 되도록 선물을 한 바퀴 더 둘러주세요.

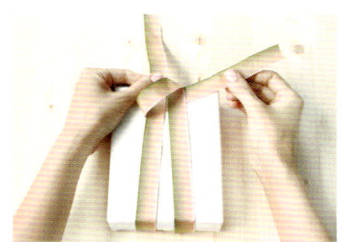

3 : 선물을 두른 리본은 두 줄 밑으로 넣어 빼주세요.

4 : 두 리본이 대각선 방향이 되도록 잡아 당겨주세요.

Tie [05]

Z자매기

사선매기 후 일자매기해서 Z자 모양을 만드는 기법이에요.
마지막 일자매기를 가로방향으로 해서 응용해보아도 좋아요.

1 : 리본장식을 만들 루프의 수와 다리를 체크한 리본을 선물 끝에 놓고 반대편 리본으로 선물을 사선매기 해주세요.

2 : 반대편 리본으로 선물 뒷면을 지나 윗면을 일직선으로 지나도록 한 바퀴 둘러주세요.

3 : 체크해놓은 리본으로 선물을 두른 리본을 덮어주세요.

4 : 사선으로 지난 리본과 일직선으로 지난 리본 사이 밑으로 끼워 빼주세요.

5 : 두 리본을 잡아당겨 중심을 조여주세요.

Ribbon 01
싱글나비리본

보우의 루프가 1개인 리본장식이에요. 간단한 방법으로 심플한 멋을 살릴 수 있어서 활용도가 높아요.

1 : 리본으로 상자를 한 바퀴 둘러 원하는 매기를 해주세요.

2 : 아래쪽 리본으로 미리 체크해둔 크기만큼 루프를 만들어주세요.

3 : 위쪽 리본을 내려 루프를 감싸주세요.

4 : 위쪽 리본을 고리 사이로 빼주세요.

5 : 루프와 빼낸 리본을 잡아당겨 중심을 조여 리본장식을 만들고, 남는 다리를 비스듬하게 잘라주세요.

상자처럼 만드는
심플 네모 봉투 p.63

Ribbon 02

더블나비리본

보우의 루프가 2개인 리본장식으로,
보통 나비리본이라고도 많이 부른답니다.
가장 많이 사용하는 리본이죠.

템플릿으로 만드는
캔디모양 선물상자 p.227

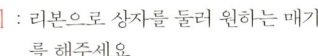

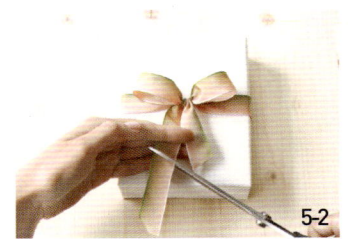

1 : 리본으로 상자를 둘러 원하는 매기
　　를 해주세요.

2 : 아래쪽 리본으로 체크했던 크기만
　　큼 루프를 만들고 위쪽 리본을 내려
　　루프를 덮어주세요.

3 : 위쪽 리본을 고리 사이로 빼내어 루
　　프 한 개를 더 만들어주세요.

4 : 양쪽 루프 사이에 손가락을 넣어 잡
　　아당겨 중심을 조여주세요.

5 : 루프와 연결된 리본다리를 잡아당
　　기며 보우의 크기를 조절하고, 양
　　쪽 루프의 크기가 같은지 확인한 후
　　남는 다리를 잘라주세요.

Ribbon ⬜03

트리플나비리본

리본다리가 한 방향으로 나오는
보우의 루프가 3개인 리본장식을 말합니다.

여러 개의 선물을 한 번에
3단 선물포장 p.53

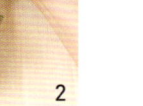

1 : 리본을 만들기 전에 루프 2개를 만들고 다리 길이를 체크해주세요.

2 : 반대편 리본으로 상자를 둘러 리본 매기한 후, 아래쪽 리본은 지그재그로 루프 두 개를 만들어주세요.

3 : 위쪽 리본으로 2의 루프를 감싸 고리 사이로 빼내어 루프 한 개를 더 만들어주세요.

4 : 3의 루프와 2의 루프를 잡아 당겨 중심을 조여주세요.

5 : 루프와 연결된 리본을 잡아 당겨가며 보우의 크기를 조절하고, 남는 다리를 잘라주세요.

Ribbon 04

포루프나비리본

보우의 루프가 4개인 리본장식입니다.

꽃으로 수놓은
웨딩 포장 p.205

1 : 리본을 만들기 전에 루프 3개와 다리를 체크해주세요.
2 : 반대편 리본으로 상자를 둘러 매기한 후, 아래쪽 리본은 지그재그로 루프 세 개를 만들어주세요.
3 : 위쪽 리본으로 2의 루프를 덮고 고리 사이로 빼내어 루프 한 개를 더 만들어주세요.
4 : 3의 루프와 2의 루프를 잡아당겨 중심을 조여주세요.
5 : 네 개의 루프를 벌려서 보우의 모양을 잡고, 루프 사이에 손가락을 넣어 크기를 맞춰주세요.
　 보우가 크다면 리본 다리와 연결된 보우를 잡아당겨 크기를 줄여주세요.

tip 먼저 만든 루프의 크기가 맞지 않다면, 한쪽으로 살짝 잡아당겨 지그재그로 연결된 루프의 방향을 파악해 크기를 맞춰주세요.

Ribbon [05]

8자리본

8자모양의 리본장식은 한 번에 여러 개를 겹쳐서
만들거나, 하나씩 여러 개를 만들어 겹쳐서
풍성한 느낌을 살려도 좋아요.

메시지 살짝 기운
화장풍 선물포장 p.121

1 : 리본 다리를 남기고 루프를 만들어주세요.

2 : 만든 루프를 한 손으로 고정하고 반대편 리본으로 반대쪽에 루프를 한 개 더 만들어주세요.

3 : 리본의 모양을 동그란 8자 모양이 되도록 다듬고 중심에 반 접은 와이어를 끼워주세요.

4 : 와이어 끼운 중심을 주름 잡은 후, 와이어를 뒤쪽에서 돌려 감아 고정하고 남은 와이어를 니퍼로 잘라주세요.

5 : 자르고 남은 와이어는 롱로우즈로 눌러 고정해주세요.

1

2

3

4-1

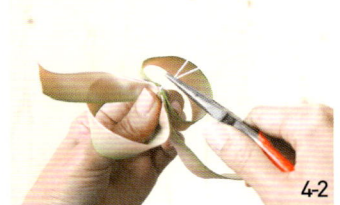

4-2

5

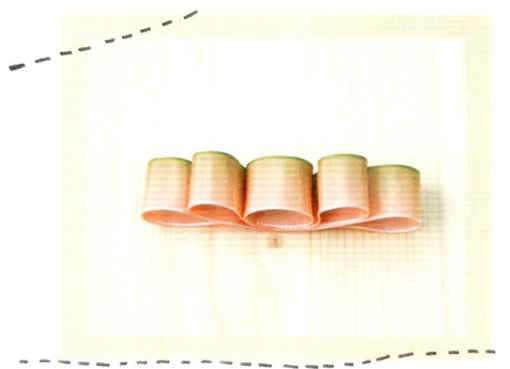

Ribbon 06

웨이브리본

웨이브리본은 파도모양을 닮은 리본장식이죠.
양면 리본을 사용해서 만들어야
리본 겉면이 위로 나오는 리본장식이 된답니다.

내 초콜릿 선물에 맞는
사각상자 p.247

1 : 리본을 엄지 손가락 사이에 끼워 동그랗게 말고 엄지와 집게 손가락으로 고정해주세요.
2 : 1의 루프 옆에 루프를 한 개 더 만들어주세요.
3 : 반대편에도 같은 방법으로 2의 루프와 같은 크기의 루프를 한 개 더 만들어주세요.
4 : 같은 방법으로 양옆에 원하는 개수의 루프를 만들고 1의 루프를 잠시 풀어준 후, 스테이플러로 고정해주세요.
5 : 스테이플러 심 위에 양면테이프를 붙이고 풀어놓은 리본 끝을 붙여 리본장식에 고정해주세요.

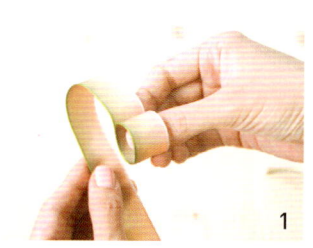

1

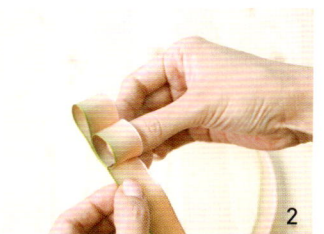

2

3

4-1

4-2

5

베프들을 위한 폼폰포우
선물포장 p.123

Ribbon 07

폼폰리본

풍성한 아름다움이 있는 리본장식.
따로 만들어 선물포장에 붙이기도 하고,
매기한 후 와이어로 고정한 상태의 리본을 올리고
좌우로 빼내어 만들기도 한답니다.

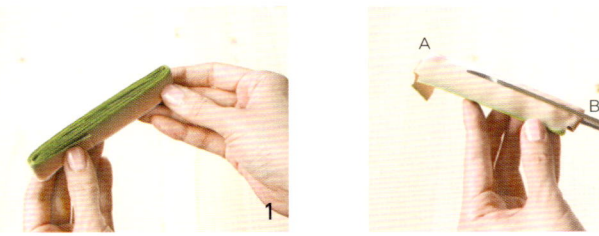

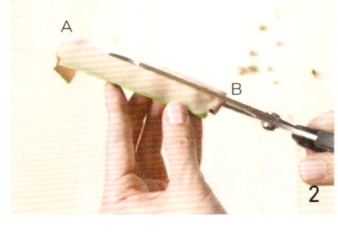

1 : 리본을 끝을 조금 남긴 후 선물의 짧은 길이만큼 여덟 바퀴 정도 감고 끝부분도 약간 남겨요.

2 : 리본 폭을 약 삼등분해서 양쪽 가장자리를 잘라내주세요. 양끝을 같은 방법으로 잘라요.

3 : 잘라낸 부분(A와 B)이 맞닿도록 겹치고 와이어로 고정해주세요.

4 : 안쪽 리본고리부터 좌우로 번갈아 가며 리본고리를 하나씩 빼내주세요.

5 : 빼낸 여러 리본고리들은 리본장식의 아래쪽에서 위를 채우도록 정리해가며 작업해주세요. 빼낸 리본고리는 돌려서 꼬아주세요.

6 : 양쪽 모두 같은 방법으로 작업해 풍성한 보우의 모양을 만들어주세요.

Ribbon 08

단면나비리본

리본의 겉과 안의 색상이나 질감이 다를 때,
겉만 나오게 만드는 리본장식이에요.

1 : 아래쪽 리본으로 체크했던 크기만큼 루프를 만들어주세요.
2 : 위쪽 리본을 내려 루프를 덮고 뒤로 돌려 접어주세요.
3 : 접은 리본을 고리 사이로 빼주세요.
4 : 루프와 빼낸 리본을 잡아당겨 중심을 조여 리본장식을 만들고
　　남는 다리를 비스듬하게 잘라주세요.

부직포로 만든 꽃모으기
포장 p.66

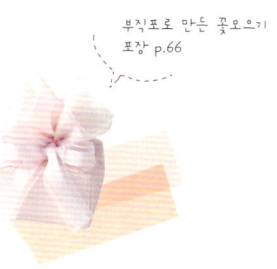

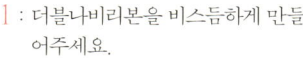
카네이션 장식한
어버이날 포장 p.206

Ribbon 09

포루프나비리본2

한 번에 만드는 포루프나비리본과는 달리
더블나비리본을 두 개 겹쳐서 만드는 방법으로,
색상이 다른 두 가지 종류의 리본을 사용해서
만들면 좋은 효과를 낼 수 있어요.

1 : 더블나비리본을 비스듬하게 만들
어주세요.

2 : 아래쪽 리본 다리를 위로 빼주
세요.

3 : 리본 중심 아래 리본을 끼우고 묶
어주세요.

4 : 먼저 만든 더블나비리본과 방향
이 엇갈리도록 더블나비리본을
하나 더 만들어주세요.

5 : 4의 아래쪽 리본 다리를 위로 빼
주세요.

6 : 리본 다리를 한 방향으로 어슷하
게 잘라 정리해주세요.

First wrapping story is…

선물포장 첫번째 토크

사랑은 표현하는 것,
수줍게 마음 보여주기

하고 또 해도 질리지 않는 포장법의 영원한 대명사, 캐러멜포장.
캐러멜포장만 잘 해도 일상생활에서 선물할 때 아주 유용하지요.
기본기만 잘 익혀두면 선물포장코너에서 포장한 것처럼 맵시 나게 포장할 수 있답니다.

01 X모양으로 리본 두른 캐러멜포장

//Ready//

☐ **재료** … 아트지, 1.2cm폭 니트리본, 스티커
☐ **도구** … 칼, 가위, 양면테이프

1 : 포장지 한쪽 끝을 1cm 정도 접어 시접을 만들고 시접에 양면테이프를 붙여요.

2 : 상자를 뒤집어서 포장지 위에 놓고, 시접 끝이 상자의 중심에 오도록 위치를 잡아주세요.

3 : 반대편 포장지로 상자를 덮고 시접 접은 면 아래로 넣어준 후, 양면테이프를 떼어 고정해줍니다.

4 : 높이면은 위쪽을 먼저 접어 내려요.

5 : 양옆을 상자 모서리에 맞게 접어 넣어요.

6 : 아래쪽을 접어 올린 후 양옆이 누운 대문자 Y모양이 되도록 바깥으로 접어주세요.

7 : 바깥으로 접은 시접을 안쪽으로 다시 접어 넣고, 양끝에 양면테이프를 붙여 상자에 고정해주세요. 반대편 높이면도 같은 방법으로 포장하세요.

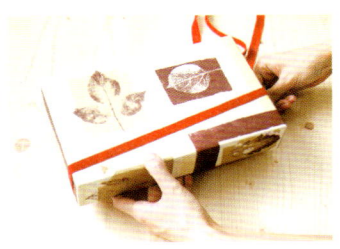

8 : 니트리본은 상자 밑면에서 시작
해 윗면을 사선으로 가로지르도록
두르세요.

9 : 8의 리본이 상자 밑면을 일직선
으로 지나도록 둘러줍니다.

10 : 다시 윗면을 반대방향 사선으로
둘러 X자 모양이 되도록 해주세요.

11 : X자로 만든 리본을 상자 밑면
에서 한 번 묶은 후 외리본장식을 만
들어주세요.

12 : X자 모양 중심에 스티커를 붙
이면 완성이에요.

X자 모양 매기의 아랫면은
리본 두 줄이 서로
평행하게 나옵니다.

캐러멜포장의 포장지 재단법

재단할 때는 선물의 크기에 따라 포장지의 낭비가 없도록 포장지를 가로방향으로 재단할지, 세로방향으로 재단할지를 먼저 결정하는 게 좋아요.

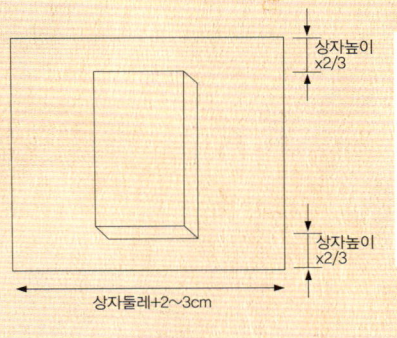

상자높이 x2/3

상자높이 x2/3

상자둘레+2~3cm

❦ 재단크기
 가로 … 상자둘레+2~3cm
 세로 … 상자길이+(상자높이의 2/3x2)

1 포장지로 상자를 두르고 2~3cm의 여유분을 더한 지점을 손으로 살짝 눌러 체크해주세요.

2 체크한 지점을 기준으로 포장지가 비뚤어지지 않게 접으세요. 포장지의 위아래 접은 끝이 반대편 포장지와 일직선이 되는지 확인하고 접으면 비뚤어지지 않게 접을 수 있답니다. 길게 뺀 칼날을 바닥에서 떨어지지 않도록 살짝 눌러가며 위로 밀듯이 포장지를 잘라주세요.

3 자른 포장지 위에 상자를 놓고 한쪽 끝을 상자높이의 2/3만큼 남겨둔 후, 반대편 포장지의 상자높이 2/3지점을 살짝 접어 체크해주세요. 만약 상자의 높이가 낮을 때나 높이면의 포장지 접은 모양이 소문자 y모양이 되게 하고 싶다면, 포장지의 양쪽 모두 상자높이+1cm 지점을 체크해주면 된답니다.

소문자 y모양으로
시접을 처리한 모습.

4 3에서 체크한 지점을 2와 같은 방법으로 포장지가 비뚤어지지 않게 접은 후 잘라주면 선물에 맞는 크기의 포장지가 된답니다.

편지지가 따로 있나요? '북' 찢은 노트, 때론 A4용지에, 언젠간 상자를 쭈욱~ 찢어서 안쪽에 편지를 썼던
기억도 나네요. 이번엔 포장지 조각에 편지를 써보았어요. 두세 장의 종이조각에 이야기들을 늘어놓은 후
선물에 끼우고 나니 왠지 마음을 더 많이 담은 것처럼 느껴지네요.

02 종이조각 편지 끼운 포장

🧵 //Ready//

□ **재료** … 직녀지, 왁스끈
□ **도구** … 칼, 가위, 양면테이프

✂ 재단방법은 p.37 참고
□ **가로** … 상자둘레+2~3cm 정도
□ **세로** … 상자길이+(상자높이의 2/3×2)

1 : 포장지 한쪽 끝을 1cm 정도 접어 시접을 만들고 시접 양쪽에 양면테이프를 조금씩 붙여주세요.

2 : 상자 윗면의 원하는 위치에 접은 시접 끝이 오도록 위치를 잡고 포장지를 손다림질 해줍니다.

3 : 반대편 포장지로 상자를 덮고 시접 접은 면 아래로 넣은 후, 양면테이프를 떼어 고정해주세요.

4 : 높이면은 캐러멜포장하듯이 위쪽을 먼저 접어 내리고, 양옆을 상자 모서리에 맞게 접어 넣으세요.

5 : 시접을 안쪽으로 접어 넣고 양면테이프를 붙여 선물에 고정해주세요.

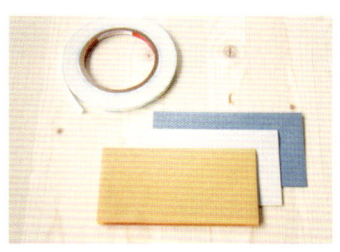

6 : 같은 크기로 자른 포장지를 반으로 접고 양면테이프를 이용해 계단모양으로 서로 맞대어 붙여주세요.

7 : 양면테이프를 붙이지 않은 시접 안쪽에 6을 넣은 후 왁스끈으로 한 번 묶어 외리본장식을 만들어 주세요.

접은 모양이 특이해서 그것만으로도 장식효과가 있는 크로스포장입니다.
윗면이 정사각형인 상자의 포장에 활용할 수 있으니 참고하세요.

03 접는 것만으로 운치 있는 크로스포장

 //Ready//

□ **재료** ··· 레자크지, 스티커
□ **도구** ··· 칼, 양면테이프

1 : 포장지 한쪽 끝을 1cm 정도 접어 시접을 만들고 시접에 양면테이프를 붙여요.

2 : 접은 시접을 상자높이의 모서리에 놓고, 상자를 포장지 세로길이 중간에 놓아요.

3 : 포장지로 상자를 두르고 양면테이프로 고정해줍니다.

4 : 양손으로 포장지를 모아 상자의 위아래 길이가 같은지 체크해보세요.

5 : 밑면을 대략 접어 놓고 윗면이 위로 오도록 상자를 놓아요.

6 : 윗면의 한쪽 변을 접어 넣습니다.

7 : 한쪽 방향으로 돌아가며 상자 모서리에 맞게 포장지를 포개듯이 접어주세요.

8 : 마지막 변은 상자 모서리에 맞게 접어 넣은 후, 맨 처음 접어놓은 포장지와 겹쳐지는 부분을 꺾어 접어주세요.

9 : 밑면도 같은 방법으로 포장하고 윗면에 스티커를 붙여 마무리해 주었어요.

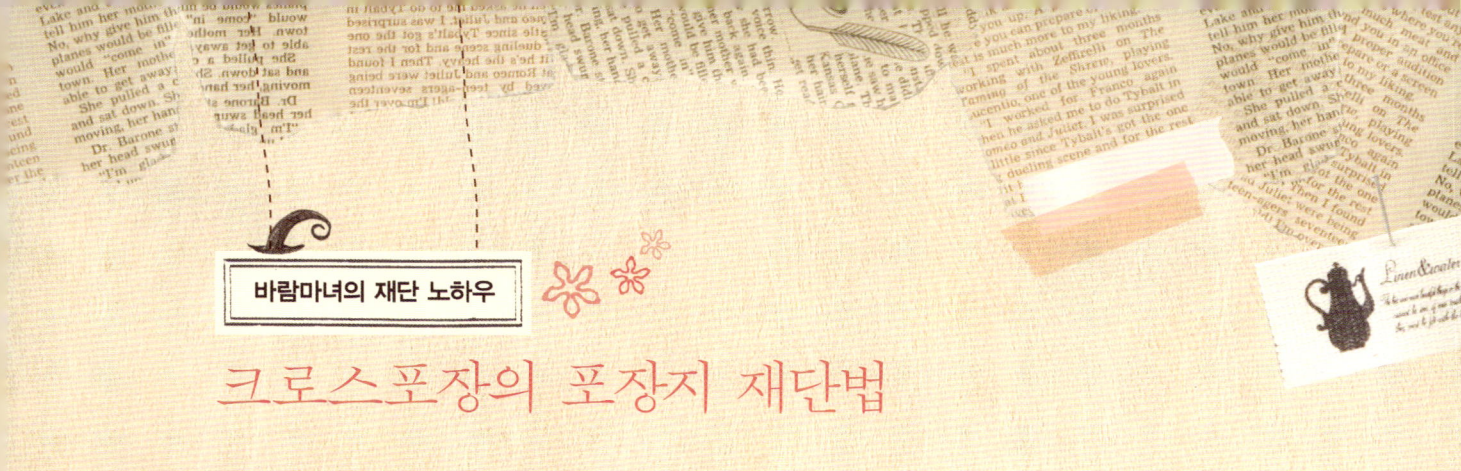

크로스포장의 포장지 재단법

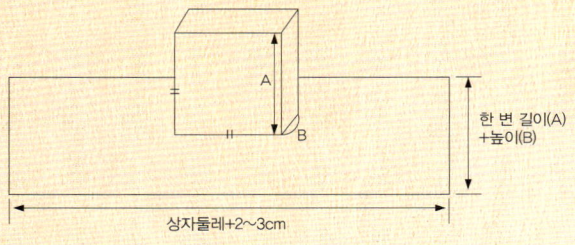

한 변 길이(A)
+높이(B)

A

B

상자둘레+2~3cm

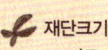 **재단크기**

- 가로 … 상자둘레+2~3cm
- 세로 … 한 변 길이(A)+높이(B)

1 포장지 끝에 상자를 맞춰놓고 밑면과 높이까지의 지점을 체크해주세요.

2 체크지점을 기준으로 포장지를 접어 칼날을 길게 빼내 잘라주세요.

3 상자에 포장지를 두르고 2~3cm의 여유분을 둔 지점을 체크하고 체크지점을 기준으로 포장지를 잘라주세요.

가끔씩 어딘가로 소포편지를 보내고픈 생각이 들어요. 누구에게 보낼지 정하지 못해
'To. ○○'라는 공란만 남겨두었지만, 가을이 오면 높고 푸르른 가을하늘에게라도 띄워볼까 합니다.

04 푸른 가을하늘에 띄우는 소포

🧵 //Ready//

┌ **재료** ··· 소포지, 스트링,
│　　　　프렌치 마스킹테이프,
│　　　　우표나 스티커
└ **도구** ··· 칼, 가위, 양면테이프,
　　　　스탬프와 잉크패드

1 : 정사각형으로 재단한 소포지를
마름모꼴로 펼치고 중심에 상자를
놓은 후, 한쪽 소포지로 상자를 덮
어주세요.

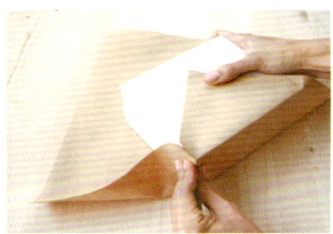

2 : 왼쪽 높이면에 맞게 소포지를 접
어 넣으세요.

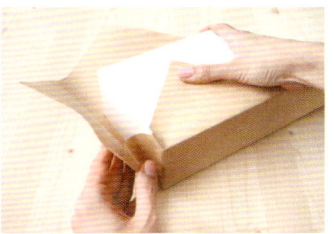

3 : 아래쪽 소포지를 끌어올려 상
자의 높이 모서리에 맞게 접어 넣어
주세요.

4 : 그런 다음 윗면을 덮어주세요.

5 : 윗면을 덮은 소포지는 상자 모서
리에 맞춰 바깥으로 접어주세요.

6 : 바깥으로 접은 시접을 다시 안으
로 접어 넣어주세요.

7 : 반대편도 같은 방법으로 포장해
주세요.

45

8 : 나머지 면도 2~3과 같은 방법으로 양옆을 접어 넣은 후, 상자높이 모서리에 맞게 접어주세요.

9 : 그런 다음 윗면을 덮어주세요.

10 : 윗면을 덮은 포장지의 양옆을 5와 같이 바깥으로 접은 후 다시 안으로 접어 넣고 만들어진 삼각형 모양 끝에 양면테이프를 꺾어 붙여주세요.

11 : 선물 앞뒷면 가장자리에 마스킹테이프를 붙여요.

12 : 포장을 풀어 선물을 잠시 꺼내고 포장지를 펼쳐서 우표와 스티커를 붙여주세요.

우체국 소인 스탬프와 여러 가지 메시지 스탬프를 찍어 한 통의 소포편지를 만들어주었답니다.

13 : 선물을 넣고 접은 선 그대로 다시 포장한 다음 양면테이프를 떼어 고정하고, 스트링으로 십자매기 한 후 나비리본장식을 만들면 완성이에요.

* Wrapping Note *

❶ 스탬프로 장식을 하려면 포장을 먼저 해서 손다림질로 포장지에 자국을 내주세요. 그 후 선물은 꺼내고 포장지를 펼쳐 바닥에 놓고 스탬핑 작업하면 더 깔끔하고 선명하게 찍을 수 있답니다. 또 포장이 완성된 상태의 원하는 위치에 스탬프를 찍을 수 있어서 효과적이에요. ❷ 메시지 스탬프가 없다면 받는 사람의 이름 석자를 적고 짤막한 응원의 메시지를 담아 보아도 좋겠지요.

보자기식포장의 포장지 재단법

1~2단계에서 포장지를 덮은 채로 상자 모서리선을 손다림질해주면 포장지에 상자의 자국이 남아 이후 포장이 훨씬 수월해진답니다.

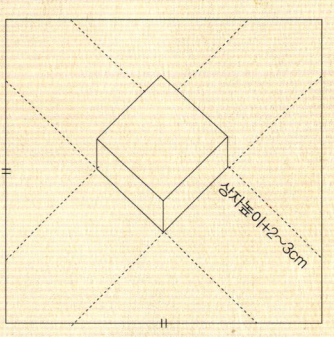

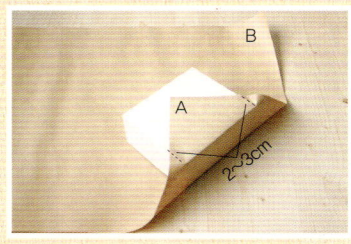

1 포장지의 오른쪽 끝에 선물을 비스듬히 놓고 포장지로 상자 모서리 양끝을 2~3cm 정도 덮어주세요. 이때 포장지의 뾰족한 끝(A)이 상자 중심에 오도록 합니다.

2 오른쪽 부분의 포장지(B)로 선물을 덮고 역시 2~3cm 정도 지나는 지점을 체크해주세요.

3 포장지를 펼치고 2에서 체크한 안쪽 지점을 기준으로 포장지가 비뚤어지지 않도록 접은 후, 칼날을 길게 빼서 잘라주세요.

4 자른 포장지는 삼각형모양이 되도록 양끝을 살짝 접어 정사각형 크기로 잘라주세요(정사각형 재단).

5 재단이 완성된 포장지예요.

보자기식포장은 '스퀘어포장'이라고도 부른답니다.

47

포장지보다 더 예쁜 냅킨을 종종 발견하곤 해요. 예쁜 냅킨을 볼 때마다 하나씩 사 모으던 것이
어느새 서랍 한 칸을 가득 채웠어요. 작은 포장지로 감쌀 수 있을 만한 크기의 선물이라면,
보드라운 질감과 예쁜 패턴의 냅킨을 활용해보세요.

05 재단이 필요 없는 냅킨 포장

 //Ready//

┌ **재료** ··· 냅킨, 벨벳리본, 하트피코트리본,
│   공예 와이어
└ **도구** ··· 가위, 공예용 니퍼, 롱로우즈

1 : 마름모꼴로 펼친 냅킨의 중심에 상자를 뒤집어 놓은 후, 양쪽 냅킨으로 상자를 덮어주세요.

2 : 덮은 냅킨을 엄지손가락으로 고정하고 검지로 보자기식포장하듯이 양쪽 높이면에 맞게 냅킨을 접어 넣고, 나머지 손가락으로 아래쪽 냅킨을 높이모서리에 맞게 접어 올려주세요.

3 : 접어 올린 냅킨으로 윗면을 덮어주세요. 양쪽 모두 같은 방법으로 포장해주세요.

4 : 하트피코트리본으로 8자리본장식을 만들고, 냅킨 포장한 상자는 벨벳리본으로 삼각매기해 주세요.

5 : 삼각매기 중심에 8자리본장식을 얹고 한 번 묶은 후, 나비리본장식을 만들어주세요.

Wrapping Note

냅킨으로 포장한 후 양면테이프를 붙여 고정하지 않으면 냅킨을 재활용할 수 있어서 좋아요.

보자기식포장은 손에 익을수록 자꾸만 하고 싶어지는 포장이라,
자주 응용하다 보니 제 맘대로 변형한 작품들이 늘어났어요.
이번엔 그 중 하나를 소개해요. 사선으로 겹쳐지는 선의
심플한 아름다움을 느낄 수 있는 포장이랍니다.

06 사선으로 겹치는 단추장식 심플 포장

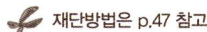 //Ready//

┌ **재료** ··· 영문패턴 크래프트지,
│   햄프 마끈, 단추
└ **도구** ··· 칼, 가위, 양면테이프

❀ **재단방법은 p.47 참고**

1 : 포장지를 마름모꼴로 펼치고 중심에 상자를 놓은 후 상자의 긴길이 양옆을 접어 올려주세요.

2 : 양옆 높이면 모서리에 맞게 포장지를 접어 넣고 윗면의 시접을 삼각형모양이 되게 눌러 접어주세요.

3 : 아래쪽 포장지를 끌어올려 선물을 덮는데, 선물 윗면의 시접이 보이도록 사선모양으로 접어 넣어가며 덮어주세요.

4 : 반대편도 같은 방법으로 선물 윗면의 시접이 보이도록 사선모양으로 접어 넣어주세요.

5 : 끝부분에 양면테이프를 조금 붙여 선물에 고정해주세요.

6 : 햄프 마끈에 단추를 끼우고 X자 모양매기를 하는데, 선물 밑면에 X자 모양이 가게 하세요.

7 : 윗면은 마끈 두 줄이 서로 평행이 되도록 합니다(p.22 참고).

8 : 단추 한 개를 먼저 끼운 단추와 대칭이 되도록 마저 끼우고 나비리본 장식을 만들어주면 완성이에요.

가끔씩 여러 개의 선물을 떠워야 할 때를 만나곤 하지요. 하나만 선물하기 아쉬울 때는
3단 선물포장을 활용해보세요. 기본포장만 하고 하나 둘씩 포개서 리본으로 묶어주면
손쉽게 포장할 수 있답니다.

07 여러 개의 선물을 한 번에, 3단 선물포장

//Ready//

- **재료** … 검정 가죽지, 검정 레자크지,
  냅킨, 2.5cm폭 레이스리본,
  1.5cm폭 도트무늬 공단리본
- **도구** … 칼, 가위, 양면테이프

재단크기

- **가로** … 상자둘레+2~3cm
- **세로** … 상자길이+[(상자높이+1cm)x2]

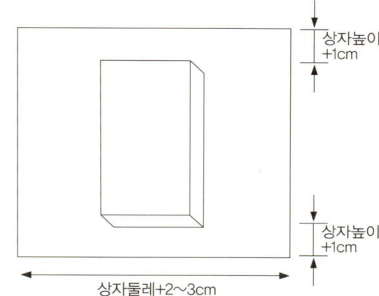

상자높이
+1cm

상자높이
+1cm

상자둘레+2~3cm

1 : 포장지 끝을 1cm 접은 후 양면테이프를 붙이고 상자에 두른 다음, 양면테이프를 떼어 고정해주세요.

2 : 높이면 양옆을 접어 넣은 후 위쪽을 접어 내리고, 아래쪽은 접어 올려주세요.

3 : 접어 올렸을 때 남는 시접을 안으로 접어 넣고, 양면테이프로 고정해주세요. 반대편 높이면도 같은 방법으로 포장해주세요.

4 : 여러 개의 선물을 모두 캐러멜포장한 후 크기대로 포개어놓고, 레이스리본으로 십자매기하고 나비리본장식을 만들어주었어요.

5 : 도트무늬 공단리본을 나비리본장식 밑에 끼우고 한 번 묶은 후 트리플리본장식을 만들어주면 완성이에요.

* Wrapping Note *

① 캐러멜포장을 해도 되지만 자신이 하기 편한 포장법을 선택해도 좋답니다.
   전 맨 위의 선물을 냅킨으로 포장해주었어요(p.49 참고).
② 리본장식 두 가지를 겹쳐서 만들기 어려울 때는 십자매기한 후 외리본장식의 보우를 크게 만들고 세워주어도 된답니다.

오래 전 중학생이었던 둘째 조카에게 띠운 노트 선물을 재현해보았어요.
포장지 위에 살포시 내려앉은 나비를 보고 조카 얼굴에 함박미소가 가득 퍼지는 걸 볼 때의 기분이란…
그때 그 미소를 다시 한번 보고 싶어집니다.

08 살포시 나비 앉은 노트 포장

✂ //Ready//

재료 … 양면레자크지, 스웨이드끈,
　　　　이미테이션 나비장식
도구 … 칼, 가위, 글루건, 양면테이프

✂ 재단크기

가로 … 상자둘레+단두께+3~4cm
세로 … 상자길이+[(상자높이+1cm)x2]

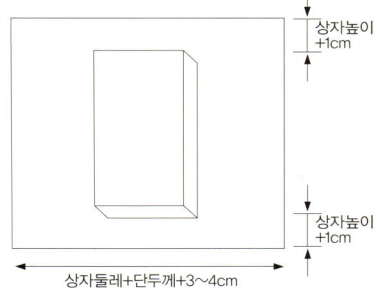

상자높이
+1cm

상자높이
+1cm

상자둘레+단두께+3~4cm

1 : 포장지를 겉면이 위로 오도록 놓
고 1cm 정도 접은 후, 원하는 단두께
만큼 한 번 더 접어주세요. 접은 시
접과 반대편 단 안쪽에 양면테이프
를 붙여주세요.

2 : 포장지를 뒤집어 상자를 놓고 접
은 단이 한가운데 오도록 위치를 잡
아주세요.

3 : 반대편 포장지로 상자를 덮고 접
은 단 안쪽으로 넣어준 다음 양면테
이프를 떼어 고정해주세요.

4 : 상자를 뒤집어놓고 캐러멜포장하듯
이, 양옆을 접어 넣고 위쪽을 접어 내
려주세요.

5 : 아래쪽을 접어 올린 후 남는 시접
을 안쪽으로 접어 넣어 양면테이프로
고정해주세요.

6 : 스웨이드끈으로 단 위를 일자매기
한 후, 한 번 묶어주세요.

7 : 이미테이션 나비장식에 글루건
심을 발라 끈 위에 고정해주면 완성
이에요.

손쉽게 만든 봉투에 선물을 넣고 마끈으로 훌훌 감아 완성한 포장입니다.
봉투 입구를 붙이지 않고 접기만 했기 때문에 선물을 꺼낸 후 봉투를 재활용할 수도 있어요.
직접 만든 태그로 장식해도 괜찮겠죠?

09 손쉬운 나만의 봉투 만들기

//Ready//

재료 … 왁스페이퍼, 햄프 마끈, 태그
도구 … 칼, 가위, 양면테이프

재단크기

가로 … 선물폭+여유분
세로 … (선물길이+높이+여유분)x2

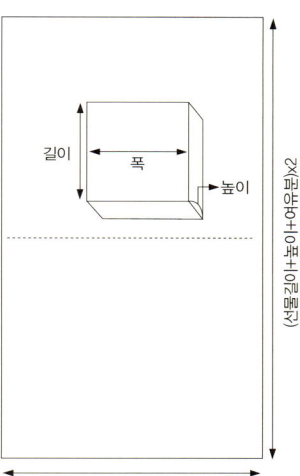

1 : 포장지를 (선물길이+높이+여유분)의 두 배로 잘라 준비해주세요. 그 위에 선물을 놓고 포장지로 덮은 후 양옆에 약간의 여유분을 체크합니다.

2 : 체크한 지점을 기준으로 포장지를 접고 칼로 잘라주세요.

3 : 긴길이를 반으로 접은 후 양옆을 1cm 정도 접어주세요.

4 : 포장지를 펼쳐서 접은 시접을 다시 안으로 접은 후, 한쪽 면에 양면테이프를 붙여주세요.

5 : 포장지를 다시 반으로 접어 양면테이프를 떼어가며 고정해주세요.

6 : 선물을 넣고 봉투입구를 접으세요.

7 : 마끈으로 선물을 자유롭게 감은 다음, 태그 (p.263 참고) 를 끼우고 묶거나 나비리본장식을 만들어주세요.

기본봉투 만들기만 잘 해도 일상에서 선물을 전하는 데 별 무리가 없지요.
선물은 작은데 큼직한 쇼핑백 안에 넣어 달그락 소리 내며 들고 가는 일은 이제 그만!
내 선물에 딱 맞는 봉투를 만들어보세요.
여기에 끈이나 리본을 달아 손잡이를 만들면 쇼핑백도 된답니다.

10 내 선물에 딱 맞는 봉투 만들기

//Ready//

┌ **재료** … 심플렉스지, 양면테이프,
│   마스킹테이프
└ **도구** … 칼, 양면테이프, 스탬프와 잉크패드

1 : 포장지 한쪽 끝을 1cm 정도 접고 양면테이프를 붙여주세요.

2 : 반대편 포장지에 1의 양면테이프를 붙여 고정하고 포장지 긴길이를 반을 접어요.

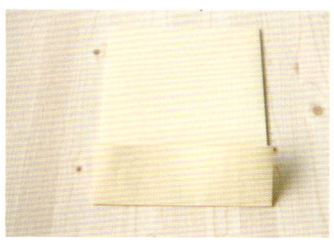

3 : 접은 포장지에 선물을 놓고 선물의 밑면보다 1cm 정도 크게 접어 올려요.

4 : 3의 밑면을 벌린 후, 양쪽이 삼각형 모양이 되도록 접어주세요.

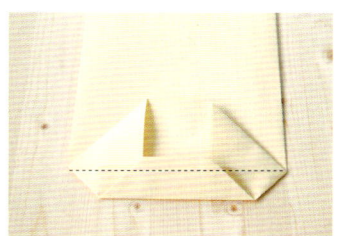

5 : 아래쪽을 중심보다 높게 접어 올려주세요.

6 : 양옆 부분은 아래쪽과 맞닿도록 안쪽으로 접어주세요.

7 : 안쪽으로 접었던 양옆을 바깥쪽으로 다시 접어주세요.

8 : 위쪽에 양면테이프를 붙여주세요.

9 : 아래로 접어 내려 양면테이프로
고정시켜 주세요.

10 : 스탬프와 마스킹테이프로 봉투를
꾸며주세요.

11 : 선물을 담은 다음, 입구를 두어 번
접어 테이프로 봉해주면 완성이에요.

마스킹테이프나
데코테이프로 정성스레 만든
봉투에 그림을 그려보세요.

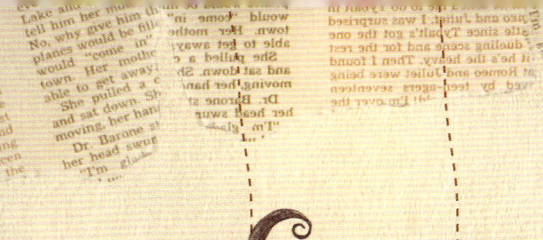

선물에 딱 맞는 기본봉투 재단법

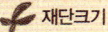 **재단크기**
- **가로** … 선물둘레+3~4cm
- **세로** … 선물길이+
  선물 밑면의 1/2정도+여유분

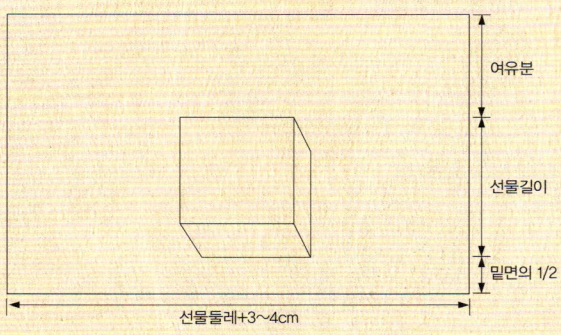

여유분

선물길이

밑면의 1/2

선물둘레+3~4cm

1 포장지에 선물을 놓고 (선물길이+선물 밑면의 1/2 정도+여유분) 지점을 체크해주세요. 여유분은 봉투의 끝처리 방법에 맞춰 조절하세요.

2 체크지점을 기준으로 포장지를 접어 잘라주세요.

3 선물에 포장지를 둘러 선물둘레를 체크하고, 3~4cm 정도의 여유분을 더한 지점을 체크해주세요. 체크지점을 기준으로 포장지를 접어 잘라주세요.

ESPECIALLY
FOR YOU

봉투도 포장지 재단을 다르게 하면 상자처럼 만들 수 있어요.
깔끔하게 만든 봉투에 예쁜 리본 하나 둘러주고, 템플릿 달면 끝!
폭이 좁거나 원통 형태의 선물에 잘 활용하면 좋답니다.

11 상자처럼 만드는 심플 네모 봉투

 //Ready//

┌ **재료** … 골지 포장지,
│　　　　2.5cm폭 스트라이프 골지리본,
│　　　　라벨 템플릿
└ **도구** … 칼, 가위, 양면테이프

선물의 위아래 면 중
큰 면이 밑면이
되도록 하세요.

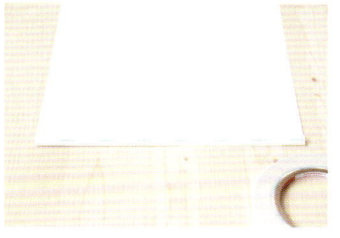

1 : 포장지 한쪽 끝을 1cm 정도 접고 양면테이프를 붙여주세요.

2 : 반대편 포장지에 1의 양면테이프를 붙여 고정하고 포장지를 반으로 접어요.

3 : 접은 포장지에 선물을 놓고 선물의 밑면보다 1cm 정도 크게 접어 올려요.

4 : 접은 밑면을 벌린 후, 양쪽이 삼각형 모양이 되도록 접어주세요.

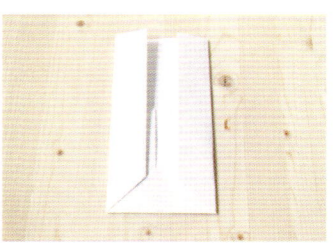

5 : 아래쪽을 중심보다 높게 접어 올리고 양옆을 아래쪽 삼각형과 맞닿도록 안쪽으로 접어주세요.

6 : 안쪽으로 접었던 양옆을 바깥쪽으로 다시 접어주세요.

7 : 밑면의 위쪽을 아래로 접어 내리고 안에 양면테이프를 붙여 고정해주세요.

8 : 봉투 모양을 잡아 편평하게 만
든 후, 입구를 삼각형모양으로 접어
주세요.

9 : 봉투를 벌린 후 선물을 넣고 8에서 접어놓은 선에 맞춰 양쪽이 삼각형 모양이 되도록 접어주세요.

10 : 리본으로 일자매기한 후 외리본장식을 만들고 라벨 템플릿에 메시지를 스탬핑하
거나 레터링해서 붙여주세요.

네모 봉투 포장지 재단법

텀블러처럼 밑면보다 윗면이 더 넓은 선물일 경우, 가장 큰 윗면의 크기를 기준으로 포장지를 재단하고 봉투의 밑면을 만드세요.

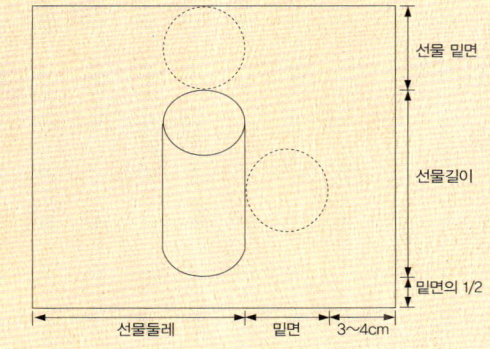

선물 밑면

선물 길이

밑면의 1/2

선물둘레   밑면   3~4cm

재단크기

- 가로 … 선물둘레+밑면+3~4cm
- 세로 … 선물길이+
  선물 밑면의 1/2 정도+밑면

1 포장지에 선물을 놓고(선물길이+선물 밑면의 1/2 정도+밑면) 지점을 체크하고, 체크지점을 기준으로 포장지를 접은 후 잘라주세요.

2 포장지를 돌려 선물을 놓고 선물둘레, 선물 밑면+3~4cm 정도의 여유분을 더한 지점을 체크하세요.

3 체크점을 기준으로 포장지를 접어 잘라주세요.

커튼 사이로 햇살이 비쳐 들어오고,
반짝이는 햇살이 부직포에 닿을 때면
꽃봉오리 같이 보이기도 하네요.
화사한 색감의 부직포로 봄의 분위기를
연출해보세요.

12 부직포로 만든 꽃 모으기 포장

//Ready//

재료 … 부직포, 2.5cm폭 투톤오건디리본,
공예 와이어

도구 … 칼, 가위, 공예용 니퍼, 양면테이프

재단크기

가로 … 상자가로둘레+윗면폭+3~4cm 정도

세로 … 상자세로둘레+4~5cm

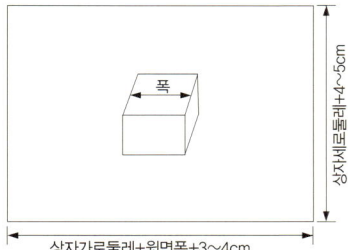

폭

상자가로둘레+윗면폭+3~4cm

상자세로둘레+4~5cm

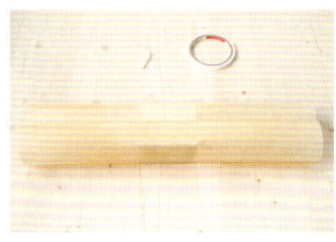

1 : 부직포의 한쪽 끝을 2cm 정도 접은 후 양면테이프를 붙이고 부직포로 상자를 감싸 반대편 부직포에 고정해주세요.

2 : 중심과 한쪽 끝 부직포를 한번에 잡고 끝부분을 들어올려요. 그럼 높이면을 감싸는 부직포부분이 자연스럽게 안쪽으로 접혀요.

3 : 모양을 유지한 채로 부직포를 높이면에 맞게 접어 넣어주세요.

4 : 부직포로 상자 윗면을 덮어 반으로 접은 후 한 손으로 고정하고 반대편도 같은 방법으로 포장해주세요.

5 : 양쪽 부직포를 중심에서 움켜쥐고 빵끈이나 공예 와이어로 고정해주세요.

6 : 오건디리본으로 한 번 묶고 나비리본장식을 만든 후 공예 와이어를 빼주세요.

7 : 부직포의 양쪽 귀를 펼쳐서 꽃 모양으로 마무리해주세요.

부직포를 선물의 중심이 아닌 가장자리에서 모아 응용해보아도 좋아요.

인형이나 쿠션처럼 가벼운 선물을 담을 때, 부직포 주머니를 활용해보세요.
가볍고 사각거리는 부직포는 보기보다 튼튼하고 질기답니다.

13 사각사각 부직포 주머니

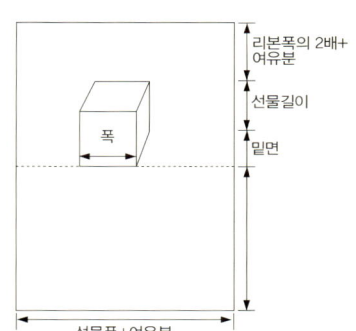

리본폭의 2배+
여유분

선물길이

밑면

폭

선물폭+여유분

 //Ready//

- **재료** ··· 발포부직포, 2.5cm폭 면리본,
  하트장식
- **도구** ··· 칼, 가위, 양면테이프

✂ **재단크기**
- **가로** ··· 선물폭+여유분
- **세로** ··· (밑면+ 선물길이+리본폭의 2배+여유분)x2

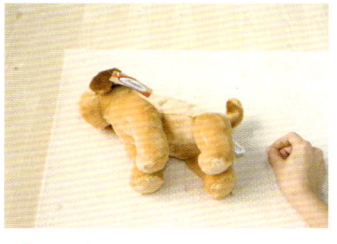

1 : 부직포로 선물을 덮고 윗부분에 리본폭의 2배+여유분을 둔 지점을 체크해주세요. 체크지점을 기준으로 접어 세로길이를 먼저 자르고, 가로길이도 선물폭에 여유분을 둔 지점을 위와 같은 방법으로 체크해 잘라주세요.

2 : 부직포의 겉면이 위로 오도록 펼치고 반으로 접어 안쪽 면이 위로 오도록 해주세요.

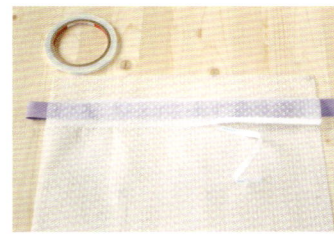

3 : 두 겹의 부직포 끝에 리본을 놓고 리본 두께보다 약간 크게 각각 바깥쪽으로 시접을 접은 후 양면테이프로 고정해주세요.

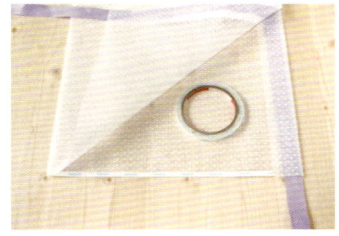

4 : 양쪽에 양면테이프를 붙여 주머니를 만들어 주세요. 양면테이프는 접은 부직포를 들춰 리본 아래까지만 붙여서 양끝 구멍으로 리본이 나오도록 해주세요.

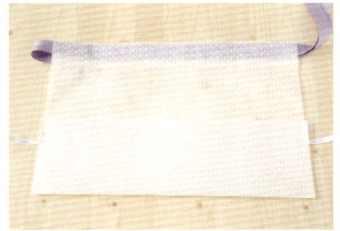

5 : 선물 밑면보다 약간 크게 접어 올린 후, 가장자리 양쪽을 양면테이프로 붙여주세요.

6 : 부직포를 뒤집어 주머니 모양을 만들어요. 선물을 담고 리본을 잡아당겨 주름을 만들고 한 번 묶어주세요.

7 : 나비리본장식을 만들고 하트장식을 붙여 주세요. 주머니 윗부분은 리본을 끼우지 않고 그냥 묶어주어도 좋답니다.

스탬프와 태그를 사용해서 어디서도 살 수 없는 하나뿐인 포장지를 만들어보세요.
개인의 취향에 따라 분위기와 색감을 달리 해서 만들면, 나만의 포장지 완성!

14 세상에 하나뿐인 나만의 포장지

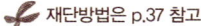

//Ready//

- **재료** … 심플렉스지, 레자크지,
  햄프 마끈, 태그
- **도구** … 칼, 가위, 양면테이프,
  스탬프와 잉크패드

✄ **재단방법은 p.37 참고**
- **가로** … 상자둘레+2~3cm
- **세로** … 상자길이+(상자높이의 2/3x2)

1 : 포장지 한쪽 끝을 1cm 정도 접어 양면테이프를 붙이고 선물에 두른 후, 양면테이프로 고정하지 않고 상자모서리를 손다림질해 포장지에 자국을 내주세요.

2 : 포장지를 풀어서 펼치고 원하는 위치에 스탬프를 찍어주세요.

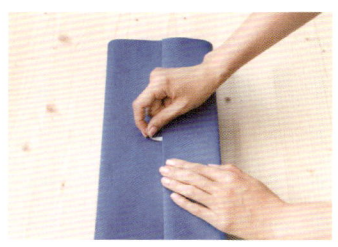

3 : 스탬핑이 완성된 포장지로 선물을 다시 둘러 자국 낸 선에 맞게 양면테이프로 고정해주세요.

4 : 높이면은 시접이 있는 쪽을 접어 내리고, 양옆을 접어 넣어주세요. 밑부분을 접어 올린 후 남는 시접을 바깥으로 꺾어 접고, 다시 접어 넣어 양면테이프로 고정해주세요.

5 : 마끈 여러 줄로 선물을 포개어 십자매기한 후 태그(p.262 참고)를 끼우고 묶어주세요.

6 : 묶은 마끈을 적당히 모양 잡아 벌려서 마무리해주세요.

* 선물이 두 개일 경우에는 2단 포장처럼 쌓은 후 한번에 십자매기해 주어도 좋아요.
* 얇은 스트링을 사용할 때는 한 가지보다는 여러 줄을 겹쳐서 사용하면 효과적이에요.
* 스탬핑을 할 때는 스탬프 모양에 따라 겹쳐서 찍어도 좋은 효과를 낼 수 있답니다.

이 포장의 포인트는 주름 사이로 얼굴을 쏙 내밀고 있는 색색의 귀여운 리본들입니다.
오래전 멀리 사는 언니에게 만주를 담아 보냈던 포장이랍니다.

15 리본고리 끼운 주름포장

//Ready//

재료 … 미라클지, 1.5cm/1.8cm폭 공단리본,
　　　　2.5cm폭 오건디리본
도구 … 칼, 가위, 양면테이프, 셀로판테이프

✂ **재단크기**

가로 … 상자둘레+주름분+3~4cm
세로 … 상자길이+(상자높이의 2/3x2)

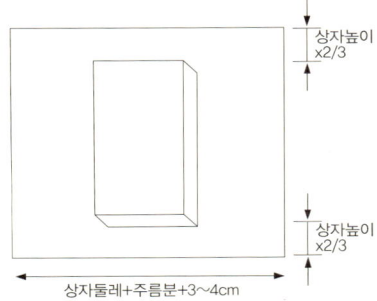

상자높이
x2/3

상자높이
x2/3

상자둘레+주름분+3~4cm

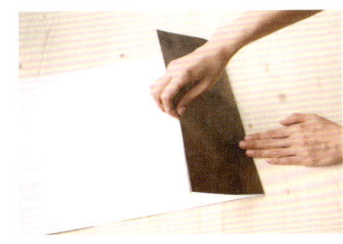

1 : 포장지 끝을 1cm 정도 접은 후,
주름분만큼 접어주세요. 주름분은
(주름폭×3배)×(주름개수-1)로 정
해주세요.

2 : 주름분을 (주름개수-1)로 나누어 접어주세요. 전 5개의 주름을 잡기 위해 4등분
해주었어요.

3 : 4등분한 한 칸을 3등분하여 접
어서 주름 한 개를 만들어요.

4 : 나머지 칸들도 같은 방법으로 주
름을 만들어주세요.

먼저 만들어놓은 주름 끝에 주름 시작 부분이
닿도록 맞춰가면서 접으면 수월해요.
주름개수는 홀수로 잡는 게 포장지를 등분해
접기가 쉬우니 참고하세요.

5 : 1cm 접은 시접 안쪽에 양면테이
프를 붙이고, 주름이 풀리지 않도록
안쪽에 셀로판테이프를 어슷하게 붙
여 고정해주세요.

6 : 포장지로 상자를 감싸 상자 위에 주름의 위치를 잡아주세요.

7 : 반대편 포장지로 선물을 덮고 주름부분 아래로 넣어준 후, 양면테이프를 떼어 고정해줍니다.

8 : 높이면은 주름부분을 접어 내리고 양옆을 접어 넣은 후, 주름반대쪽을 접어 올려 Y자 모양이 되도록 마무리해주세요.

9 : 리본을 잘라 반으로 접어 고리를 만든 후 양면테이프를 붙여 주름 사이에 끼워 붙여주세요.

10 : 리본을 둘러 뒤쪽에서 양면테이프로 고정해주세요.

느리게, 오랫동안 친해지기

윤경님으로부터 온 특별한 선물

윤경님을 위한
'나만의 네모 봉투에
담은 텀블러예요.

ESPECIALLY
FOR YOU

이제 아로미님은 안 오시나 보다. 한 1년 가까이 포스트 올릴 때마다 꼬박꼬박 덧글 남겨준 고마운 분인데… 오랫동안 제 블로그에 꾸준히 찾아와서 인사 건네주는 분들께는 제가 만든 작은 무엇이라도 선물하려고 노력하지만, 때론 그런 기회를 놓쳐버리고 말아요.

얼굴 없는 인터넷 세상에선 수없는 만남과 이별을 반복해야 하지요. 가상의 공간에서 겪는 만남과 이별이 무에 그리 대단하냐고 할지 모르지만, 블로그가 지나온 삶의 한 부분인 저에게는 짤막한 글 몇 줄로만 만난 사이어도 이별이 허전하게 느껴질 때가 많아요.

그러다보면 아무 일 없었던 듯 새로운 만남이 시작되고─. '이 분도 자주 오시네, 고맙게도…'라면서 어떤 분일까 궁금한 맘에 블로그를 클릭했는데… 와우! 다름아닌 이별이라 생각했던 아로미님의 블로그였고, 닉네임이 윤경으로 바뀌었는데 무심한 제가 몰랐던 것이에요.

그렇게 이어진 윤경님과의 인연도 어느덧 3년이 넘었어요. 그 사이 우리는 조금 더 친해졌고, 제가 본 윤경님의 모습은 늘 변함이 없었어요. 성악을 하면서 천연 비누와 화장품 만들기, 사회복지사 자격증에도 도전할 만큼 늘 열심히, 열정적으로 사는 멋진 분!

손재주 좋은 윤경님이
정성껏 만들어 보내온
화장품과 천연 비누예요.

가정까지 돌보려면 많이 바쁠 텐데, 포스트 하나 올릴 때마다 제 블로그에 찾아와 고운 흔적, 응원의 메시지 남겨주길 잊지 않죠. 막노동 무임금의 블로그 세상에서 덧글이란 포스트 만드는 노고를 위로해주고 의욕을 샘솟게 하는, 기분 좋은 퀵에너지예요. 업데이트할 때마다 덧글 남기는 일도 포스트 만드는 것만큼 쉬운 일이 아님을 잘 알지요. 언제고 감사의 마음 전해야지하고 주소만 알아놓고 있었는데, 먼저 선물을 보내온 윤경님. 참 게으르기도 한 바람마녀, 손들고 반성해도 싸지요.

윤경님이 보내온 선물엔 자상함과 세심함이 묻어있었어요. 신종플루로 온 나라가 들썩일 때쯤 직접 만든 손세정제를 작업실용 큰 병과 외출할 때 쓰라며 작은 병에 나눠 보내준 꼼꼼한 센스. 무엇보다 가끔씩 블로그 포스트의 사진에서 나의 손을 보고 피부타입을 가늠해 비누와 화장품을 만들어 보냈다니!

겨울이 오면 난방으로 피부가 건조해진다며 보습영양크림이나 고농축 에센스, 감기예방연고까지 챙겨주는 자상한 나의 이웃님. 무엇이든 손으로 만드는 정성과 노고를 알기에 더 감사하고, 저를 위하는 마음이 느껴졌기에 더 훈훈했어요. 감동의 도가니탕을 보글보글 끓이다

제 피부타입까지 세심하게 배려한
윤경님의 자상함에 감동했지요.
이런 걸 또 어디서 구할 수 있을 까요.

가 살짝 좋았을 정도로.

이런 선물을 받고 가만있을 수는 없는 법~ 커피를 무척 좋아한다는 이야기에 결정한 선물 아이템, 바로 커피와 텀블러. 여기저기 커피 전문점을 기웃거리며 텀블러를 고르고, 생두를 직접 볶아 판매하는 우리 동네 작은 커피전문점에서 수프리모와 도미니카를 골라 띄웠어요. 그리고 제가 보낸 텀블러에 아침마다 커피를 담아 출근한다는 이야기를 듣고 참 즐거웠지요. 제가 보낸 선물이 받는 사람에게 유용하게 쓰이고 있다는 사실만큼 행복한 건 또 없으니까요. 그런데 얼마 후 그 텀블러를 잃어버렸다는 사연을 들었고 아쉬워하는 윤경님을 위해 올해도 텀블러를 선물하기로 했어요.

빠르게 가까워지고 쉽게 헤어지는 일이 훨씬 더 많은 인터넷 공간이지만, 왠지 늘 곁에 있어 줄 것만 같은 윤경님 덕에 우리는 느리게 친해지고 있어요. 그러다보면 오래도록 정 나누기도 가능하지 않을까요. 이번에는 택배로 보내지 않고 제가 직접 텀블러와 윤경님이 궁금해하던 파드커피도 함께 들고 가봐야겠어요. 커피향처럼 여운 남는 추억 만들고 오게.

Second wrapping story is...

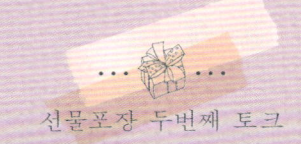

선물포장 두번째 토크

나만의 방법으로
메시지 전하기

마트에서 파는 흔하디 흔한 일회용 접시도 선물상자가 될 수 있어요.
종이공기 두 개를 붙여서 UFO를 닮은 귀여운 선물상자를 만들어봐요.

01 종이공기로 만드는 유에프오 포장

//Ready//

┌ **재료** … 종이공기 2개, 햄프 마끈,
│　　　　곰돌이단추, 패턴지
└ **도구** … 보더펀치, 가위, 풀

보더펀치에 따라
육각모양, 원모양 등
다양한 모양을
만들 수 있어요.

1 : 패턴지 가장자리를 보더펀치로
모양내주세요.

2 : 종이공기 밑면에 모양낸 패턴지
를 풀로 붙여주세요.

3 : 다른 종이공기에 선물을 담고 2
의 종이공기를 엎어주세요.

4 : 마끈으로 십자매기해 주세요.

5 : 나비리본장식을 만들고 곰돌이
단추장식을 붙여주었어요.

꽃가게 앞을 지날 때면 코끝을 찌르는 기분 좋은 향기에 발걸음을 멈추곤 해요.
소중한 사람에게 두고두고 보며 내 생각하라고, 작은 화분 하나 사서
곱게 포장해 선물해보면 어떨까요? 나대신 잘 키워달라는 마음도 함께 담아서.

02 초록이들 화분 포장

//Ready//

☐ **재료** ···플로드지, 라피아끈
☐ **도구** ··· 칼, 가위, 양면테이프

✄ **재단크기**
가로/세로 ··· (화분높이+3cm)x2+밑면폭

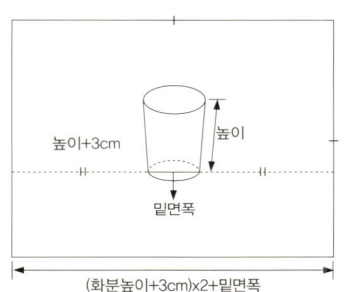

높이+3cm ← → 높이

밑면폭

(화분높이+3cm)x2+밑면폭

플로드지가 없을 때는 종이포장지를 사용해도 좋아요.
단, 화분에서 나오는 물기에 종이가 젖을 것을 감안해
비닐 하나 잘라 깔아주는 센스도 발휘해보세요.

1 : 플로드지 위에 화분을 놓고 양쪽을 올려서 화분높이보다 3cm 정도 높은 지점을 체크하고, 접어 잘라주세요.

2 : 자른 플로드지를 대각선 방향으로 접은 후 정사각형으로 잘라주세요.

3 : 십자모양이 생기도록 두 번 접어주세요.

4 : 플로드지는 안쪽 면이 위로 오도록 마름모꼴로 펼치고 중심에 화분을 놓아요.

5 : 위아래 뾰족한 부분을 접어 올리고 3에서 자국 낸 선에 맞게 양옆을 모아 접어주세요.

6 : 접은 부분을 양면테이프로 안쪽에서 고정하고 반대편도 같은 방법으로 포장해주세요.

7 : 라피아끈으로 화분을 묶고 나비리본장식을 만들어주었어요.

부직포로 만든 작은 주머니에
미니 사이즈 화장품들을 챙겨 넣었어요.
작은 선물이지만 센스 있게 건네고 싶을 때
참 좋은 방법이에요.

03 작은 화장품을 올망졸망~ 천연화장품 주머니

//Ready//

- **재료** ··· 부직포, 2.5cm폭 공단리본,
  공예 와이어, 잎 조화, 태그, 마끈
- **도구** ··· 칼, 가위, 공예용 니퍼

재단크기

- **가로** ··· 선물길이의 3~4배
- **세로** ··· 선물둘레+여유분

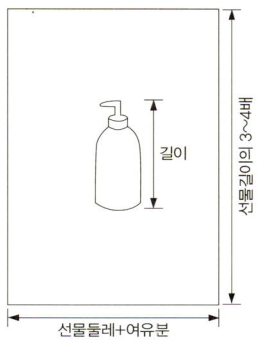

길이 / 선물길이의 3~4배 / 선물둘레+여유분

1 : 포장할 화장품 길이의 3~4배 정도로 부직포를 자르고, 자른 부직포로 화장품을 한둘레 두른 후 약간의 여유분을 두고 잘라주세요.

긴 길이에 양면테이프를 붙일 때 중간 지점의 양면테이프 껍질을 칼로 그어, 중심에서 양끝으로 떼어가며 고정해주면 비뚤어지지 않게 붙일 수 있어요.

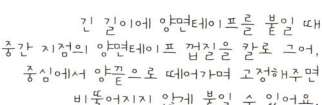

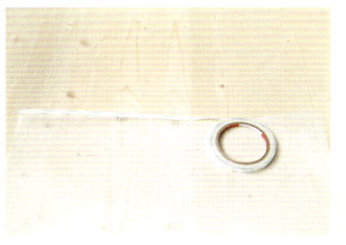

2 : 재단한 부직포 안쪽 면이 위로 오도록 놓고 가로 길이에 양면테이프를 길게 붙여주세요.

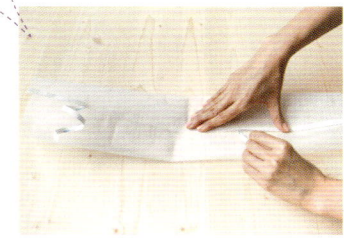

3 : 반대편 부직포에 2의 양면테이프를 붙여 고정해주세요.

4 : 3을 반으로 접고 선물을 넣어주세요.

5 : 윗부분을 와이어로 묶어 잠시 고정하고 공단리본으로 묶은 후, 마끈 끼운 태그(p.263 참고)와 잎 조화를 잘라 얹어주세요.

6 : 외리본장식을 만들고 고정해놓았던 와이어를 풀어주세요.

손수 만든 것을 선물하는 것처럼 정성을 전하는 일은 없는 것 같아요.
여기에 마음이 담긴 메시지를 곁들여보세요. 받는 사람의 가슴 한 켠이 훨씬 더 따뜻해질 거예요.

04 네 가지 메시지를 담은 쿠키 포장

//Ready//

- **재료** ··· 비닐봉투, 테이프, 스트링,
  태그 템플릿
- **도구** ··· 가위, 아일렛세트

1 : 쿠키를 비닐봉투에 낱개 포장한
후 좀더 큰 비닐봉투에 담아주세요.

사용한 비닐의 크기는
작은 비닐이 7X14cm 정도,
큰 비닐이 10X14.7cm 정도랍니다.

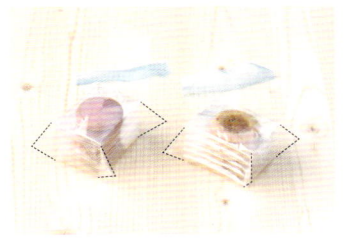

2 : 쿠키 여러 개를 담고 접착면을
붙인 후 사진처럼 네 귀퉁이가 삼각
형이 되도록 모양잡아 주세요.

3 : 테이프로 삼각형 모양을 안쪽으
로 모아 붙여주세요.

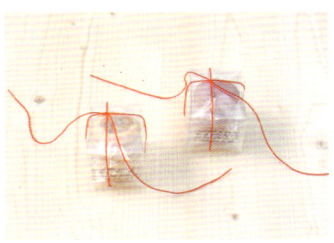

4 : 스트링으로 십자매기해 주세요.

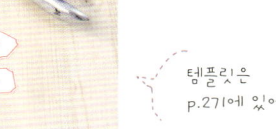

템플릿은
p.271에 있어요.

5 : 태그 템플릿을 오린 후 아일렛
펀치로 구멍을 뚫고, 아일렛을 끼워
주세요.

6 : 스트링에 태그를 끼운 후 나비리
본장식을 만들어주세요.

아침 거르고 출근하는 친구의 손에 들려 보내고 싶어지는 샌드위치예요.
하루 종일 힘내서 일하라고 불쑥 내밀면, 친구의 하루도 행복해지고 나의 하루도 뿌듯해지고…
선물이란 바로 이런 것 아닐까요?

[05] 힘을 내요, 샌드위치

 //Ready//

┌ **재료** ··· 샌드위치 전용 포장지,
│   스티커, 잎 조화
└ **도구** ··· 공예용 니퍼

1 : 샌드위치를 포장지 중심에 놓고
위아래를 덮어주세요.

2 : 양쪽을 안으로 접어 넣어주세
요.

3 : 샌드위치를 덮어주세요.

4 : 반대편도 같은 방법으로 포장
해주세요. 샌드위치의 윗면을 덮은
포장지를 양쪽 엄지손가락으로 살
짝 고정하고 검지와 중지로 작업하
면 손쉽게 할 수 있답니다.

5 : 잘라놓은 잎 조화를 끼우고 스
티커를 붙여주세요.

안쪽 면이 코팅된 샌드위치 전용 포장지가
없을 경우에는 샌드위치를 랩으로 싼 후,
일반 포장지나 유산지 등을 사용해도 된답니다.

수분을 잘 차단해주고
기름기에 강한 왁스페이퍼로
미니사이즈 파운드케이크를
포장해봤어요. 마끈과 태그로
내추럴한 멋을 더했답니다.

06 참 쉬운 파운드케이크 포장

케이크에 두른 채로 윗면을
한 손으로 살짝 움켜쥐고
밑면에 붙여주면 깔끔해요.

재료 … 왁스페이퍼, 햄프 마끈, 태그,
  스카치테이프, 마스킹테이프
도구 … 칼, 가위, 양면테이프

가로 … 파운드케이크 둘레+2cm
세로 … 파운드케이크 길이+
  (파운드케이크 높이×2)

1 : 파운드케이크의 높이 양끝을 체
크한 지점을 기준으로 포장지를 자
른 후 케이크 둘레에 2cm를 더해 잘
라주세요.

2 : 왁스페이퍼로 케이크를 두르고
마스킹테이프를 붙여 고정해주세요.

3 : 높이면의 아래쪽을 접어 넣어
주세요.

4 : 양옆을 한쪽씩 모아 접어주세요.

5 : 위쪽을 접어내려 마스킹테이프
로 고정해주세요.

6 : 마끈으로 케이크를 십자매기해
주세요.

7 : 태그를 끼우고 나비리본장식을
만들어주세요.

케이크와 같은 음식을 포장할 때는
손의 온기가 오래 닿지 않도록
빠르게 포장하는 게 좋아요.

화사한 망사와 공단리본으로 컵을 포장해봤어요.
못 쓰는 상자를 잘라내어 컵이 깨지지 않게 깔아주었고요.
매번 하던 사각상자 컵 포장에서 벗어나 색다른 컵 포장에 도전해봐요.

07 색다른 망사 컵 포장

 //Ready//

재료 … 망사, 택배상자, 공예 와이어,
1.5cm폭 공단리본, 태그, 마끈

도구 … 가위

🌼 **재단크기**

가로 … 긴둘레+상자조각 긴길이
세로 … 짧은둘레+상자조각 짧은길이

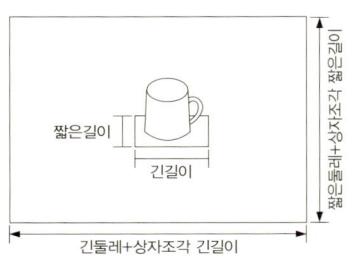

1 : 택배상자를 컵(손잡이 포함)보다
크게 잘라 준비해주세요.

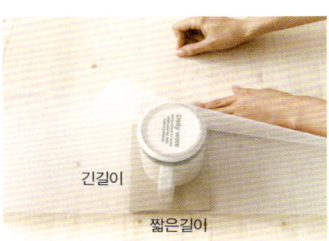

2 : 망사 위에 택배상자와 컵을 놓
고, 컵을 포함한 상자 긴길이의 둘레
에 상자 긴길이를 더한 지점을 체크
하고 접어 잘라주세요.

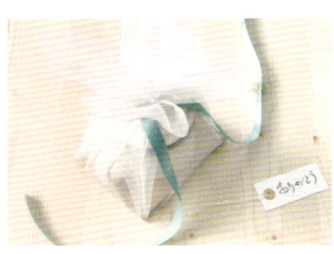

3 : 자른 망사 위에 택배상자와 컵
을 놓고 이번엔 상자 짧은길이를 기
준으로 해서 2와 같은 방법으로 잘
라주세요.

4 : 중심에 택배상자와 컵을 놓고 짧
은길이 부분의 앞뒤를 잡아 한 손으
로 고정해주세요.

5 : 한쪽 옆을 모아 쥐고 반대편도
모아 쥔 후 와이어로 묶어주세요.

6 : 리본으로 묶고 마끈 끼운 태그
(p.264 참고)를 얹은 후 나비리본을
만들어주세요. 그런 다음 고정했던
와이어를 풀어주세요.

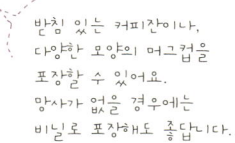

받침 있는 커피잔이나,
다양한 모양의 머그컵을
포장할 수 있어요.
망사가 없을 경우에는
비닐로 포장해도 좋답니다.

때로는 책 한 권이 인생을 바꾸기도 하고, 힘들 때 지침이 되기도 하지요.
그래서 저는 대학에 입학하는 이에게, 혹은 처음 사회생활을 시작하는
이에게 책을 선물하곤 해요. 오래오래 간직하고 힘들 때마다
읽어보라는 의미에서 책 커버처럼 포장해봤어요.

08 커버를 입혀 두고두고 쓰는 책 포장

//Ready//

┌ **재료** ⋯ 라이넬지, 왁스끈,
│　　　　마스킹테이프, 태그
└ **도구** ⋯ 칼, 가위

1 : 종이를 책 길이에 맞게, 책 날
개부분을 감쌀만한 크기로 잘라주
세요.

2 : 책을 싸듯이 책 양쪽 날개를 감
싸주세요.

3 : 책 등에 마스킹테이프를 붙여
주었어요.

4 : 왁스끈으로 책이 빠지지 않도록
Z자매기해 주세요.

5 : 태그(p.262 참고)를 끼워주세요.

6 : 외리본장식을 만들면 완성이에요.

책을 싸듯이 포장해
선물하면 받는 사람이
책 커버처럼 활용할 수
있어 좋답니다.

봉투에 아일렛펀치로 구멍을 뚫고 스웨이드끈을 끼워 룩백을 만들어 보았어요.
손쉽게 모양내기 좋아 자주 이용한답니다. 선물봉투로는 물론이고,
간단한 쇼핑봉투로 쓰기에도 좋아요.

선물포장 두번째 토크

09 봉투로 만든 룩백

//Ready//

- **재료** … 봉투, 비닐, 스웨이드끈
- **도구** … 칼, 자, 가위, 양면테이프, 아일렛세트

1 : 봉투에 두꺼운 종이나 택배상자 등을 잘라 끼우고 원하는 크기만큼 자를 대고 오려 창을 만들어주세요.

2 : 비닐을 창 크기보다 크게 자르고 사방에 양면테이프를 붙여주세요.

3 : 비닐의 아래쪽부터 양면테이프를 조금 떼어내고, 봉투 속에 넣어 붙여주세요.

4 : 봉투를 엎어놓고 손을 넣어 나머지 부분의 양면테이프를 떼어가며 붙여주세요.

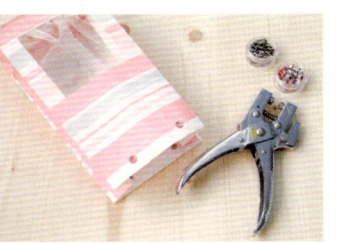

5 : 봉투 입구에 구멍을 뚫은 후 아일렛을 끼워주세요.

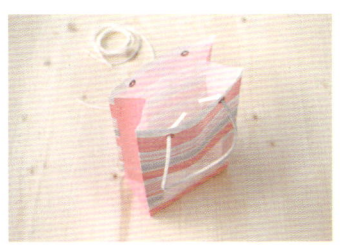

6 : 같은 길이로 자른 스웨이드끈을 구멍에 끼우고 안쪽에서 묶어 쇼핑백의 손잡이를 만들어주세요.

포장지를 선물길이에 맞게 잘라 두르고 리본으로 묶어서 만든
아주 손쉬운 포장법입니다. 방법은 간단하지만 포장지나 리본만 잘 골라도
고급스러운 포장이 가능하답니다.

10 포장지를 두르기만 하면 OK!

//Ready//

□ **재료** ··· 패턴지, 1cm폭 공단리본, 태그
□ **도구** ··· 칼, 가위, 양면테이프

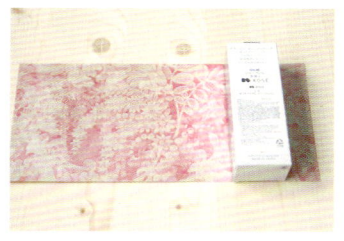

1 : 종이를 선물길이에 맞게 잘라주세요.

2 : 종이 안쪽이 위로 오도록 펼쳐 1cm 정도 접고 원하는 단두께만큼 접어주세요.

단을 만들기가 번거로울 때는
선물에 종이를 두르고
양면테이프로 고정해주어도 좋아요.

3 : 종이 겉면이 위로 오도록 펼치고 마지막 접었던 단을 꺾어 접어요.

4 : 3의 단을 접은 상태에서 선물을 감싸, 전체 둘레보다 2~3cm 정도 길게 잘라주세요.

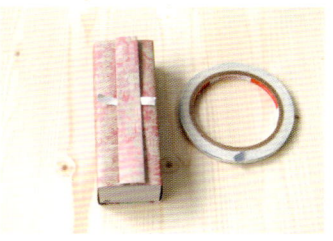

5 : 단이 있는 부분을 먼저 선물에 둘러 위치를 정하고, 나머지로 선물을 감싸 양면테이프로 고정해주세요.

6 : 리본으로 선물을 둘러 묶은 후 태그(p.265 참고)를 끼우고 한 번 더 묶어주세요.

리본장식 만들기가 어려울 때
여러 가지 리본을 엇갈리게 둘러서
포장해보세요.
리본의 종류와 엮는 모양에 따라
다양한 디자인의 포장이 탄생한답니다.

11 리본엮기 포장

//Ready//

- **재료** … 구김주름지, 1.5cm폭 공단리본, 스티커
- **도구** … 칼, 가위, 양면테이프

✂ **재단방법은 p.53 참고**

- **가로** … 상자둘레+2~3cm
- **세로** … 상자길이+[(상자높이+1cm)x2]

1 : 포장지 한쪽 끝을 1cm 정도 접어 양면테이프를 붙이고 선물에 둘러 고정해주세요.

2 : 높이면은 양옆을 접어 넣고 시접이 있는 쪽을 먼저 접어 내린 후 아래쪽을 접어 올려 소문자 y모양으로 만들어주세요.

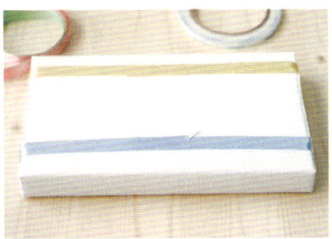  

3 : 리본 두 가지를 한 방향으로 두른 후 뒷면에서 양면테이프로 고정해주세요.

4 : 나머지 두 가지 리본은 먼저 두른 리본 위 아래로 엇갈리게 끼워주세요.

5 : 선물 뒷면에서 양면테이프로 고정한 후, 리본 교차지점에 스티커를 붙여 마무리해주세요.

굵기가 다른 리본을 매치하거나,
따뜻한 색과 차가운 색의 교차로
율동감을 주어도 좋답니다.
만약 리본의 종류가 많지 않다면
한 가지 리본만 사용해도 돼요.

리본이 없을 때나 선물에 함께 보내고 싶을 만큼 예쁜 종이를 발견했을 때,
종이리본을 만들어보세요. 입체적인 2단리본이 포장에 확실한 포인트가 된답니다.

12 종이리본장식으로 선물에 포인트 주기

//Ready//

- **재료** … 스웨이드 발포지, 패턴지
- **도구** … 칼, 자, 양면테이프, 스테이플러

재단방법은 p.53 참고

- **가로** … 상자둘레+2~3cm
- **세로** … 상자길이+[(상자높이+1cm)x2]

먼저 자른 종이의 길이는 반으로
접었을 때 선물 크기에 맞는
보우 크기인지를 가늠해 정하면 돼요.

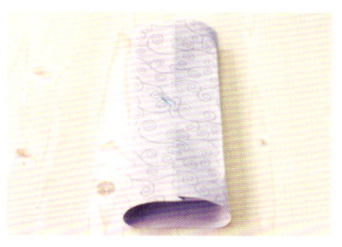

1 : 포장지 한쪽 끝을 1cm 정도 접어 양면테이프를 붙인 후, 상자에 둘러 뒷면에서 고정해주세요.

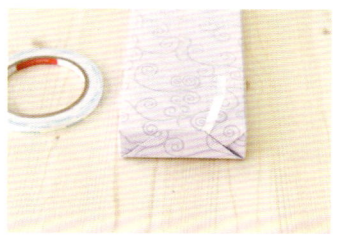

2 : 높이면은 양쪽을 먼저 접어 넣은 후, 시접 있는 쪽을 접어 내려요. 아래쪽을 접어 올리고 남는 시접을 안쪽으로 접어 넣어 양면테이프로 고정해주세요.

3 : 리본을 만들 종이를 2.5cm 폭으로 길게 자르고, 나머지 한 개는 먼저 자른 종이보다 6cm정도 짧게 잘라 준비해주세요.

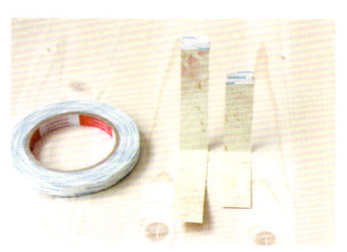

4 : 자른 종이의 반을 살짝 접어 중심을 표시한 후, 한쪽 끝에 절반만 양면테이프를 붙여주세요.

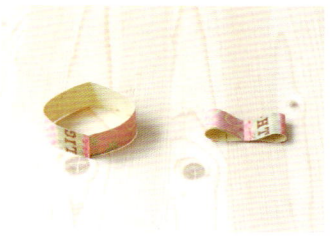

5 : 4를 말아서 링을 만들어 붙이고 접어놓은 중심선에 양면테이프를 이용해 붙여요. 두 개 모두 같은 방법으로 만들어주세요.

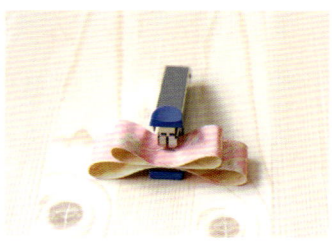

6 : 두 개를 포개어 스테이플러나 양면테이프로 고정해주세요.

7 : 2.5cm폭으로 자른 종이로 6의 중심을 감고 뒤쪽에서 양면테이프로 붙여주세요.

8 : 완성된 종이리본은 선물에 양면테이프나 글루건 등으로 고정해주세요.

한 땀 한 땀 정성스레 꿰맨 일명
'손바느질 봉투'. 바느질을 하는 동안
선물 받을 사람의 건강도 빌어보고,
행복도 기원해보고…좀 이기적인 마음으로
나의 행복도 기대해보는 그런 시간.
그렇게 만들고 나면 더 의미 있는
선물이 된답니다.

13 손바느질 봉투

//Ready//

- **재료** ··· 크래프트지, 단추 2개, 스트링
- **도구** ··· 칼, 가위, 실, 바늘, 글루건

🌿 **재단방법은 p.37 참고**

- **가로** ··· 선물폭+여유분
- **세로** ··· (선물길이+높이+여유분)×2

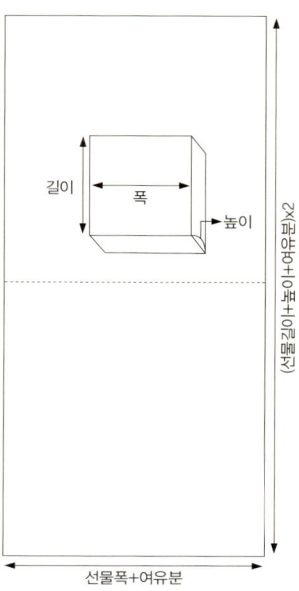

1 : (선물길이+높이+여유분)의 두 배 길이로 자른 포장지 위에 선물을 놓고 덮은 후, 양옆에 여유분을 둔 지점을 체크해주세요.

2 : 점선으로 체크된 지점을 기준으로 접어 포장지를 잘라주세요.

3 : 자른 포장지를 반으로 접고 다시 양옆을 1cm 정도 접어주세요.

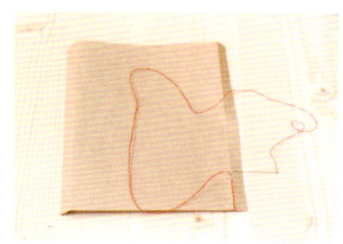

4 : 접은 선을 기준으로 양쪽을 박음질해줍니다.

5 : 봉투 입구를 접고 위아래에 단추를 글루건으로 고정해주세요. 전 단추에 스트링을 끼워 묶은 후 붙여주었어요.

6 : 선물을 넣은 후 스트링으로 단추 두 개 사이를 8자 모양으로 두어 번 돌려 감아 고정해주세요.

엄마의 생신선물 포장. 사랑한다는 말,
감사하다는 말 적기가 쑥스러워서
'Happy Birthday'로 대신하고 말았지요.
사랑하는 이에게 선물할 때 짤막한 메시지라도 표현해보세요.

14 리본과 종이로 만든 로맨틱 라벨 포장

 //Ready//

┌ **재료** … 레자크지, 0.3cm폭 공단리본,
│   2.5cm폭 오건디리본, 종이
└ **도구** … 칼, 가위, 양면테이프,
           스탬프와 잉크패드

✄ **재단방법은 p.37 참고**

┌ **가로** … 상자둘레+2~3cm
└ **세로** … 상자길이+(상자높이의 2/3x2)

1 : 포장지 한쪽 끝을 1cm 정도 접
어 양면테이프를 붙인 후, 상자에 둘
러 뒷면에서 고정해주세요.

2 : 높이면은 시접 있는 쪽을 접어
내린 후 양쪽을 접어 넣어요.

3 : 아래쪽을 접어 올리고 안쪽에
양면테이프를 붙여 선물에 고정해
주세요.

4 : 0.3cm폭 공단리본 두 가지로 선
물을 십자매기한 후 나비리본장식
을 크게 만들어주세요. 십자매기한
리본 사이를 벌려주세요.

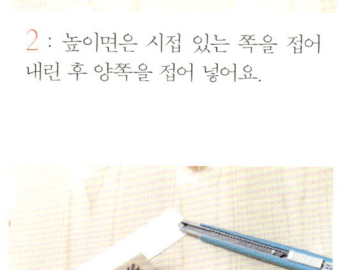

5 : 종이에 스탬프를 찍고 오려요.

6 : 오건디리본 위에 5의 종이를 붙
여주세요.

7 : 리본 뒷면에 양면테이프를 붙여
나비리본장식 위에 고정해주세요.

종이 접기로 귀여운 상자를 만들어 보았어요. 작은 액세서리 같은 선물을 담기에 적격이에요.
사진을 보며 천천히 따라 만들다 보면 어느새 독특한 모양의 납작 상자 완성!

15 액세서리 납작상자 포장

//Ready//

┌ **재료** ··· 팬시홀 씨엘컬러지,
│ 1.5cm폭 면리본, 스티커
└ **도구** ··· 칼, 가위, 자

1 : 종이를 30×20cm 크기로 준비하고, 짧은길이를 반으로 접었다 펼친 후 긴길이를 반으로 접어주세요.

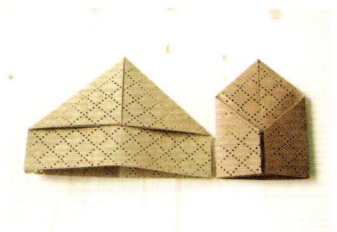

2 : 중심에 맞춰 삼각형모양이 되도록 양쪽을 모아 접고, 양옆도 모아 접어주세요.

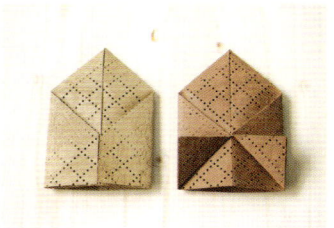

3 : 아래쪽을 삼각형 모양이 되도록 바깥으로 접어요.

4 : 위쪽 삼각형부분을 뒤로 꺾어 접은 후, 아래쪽을 올려 접어 삼등분해주세요.

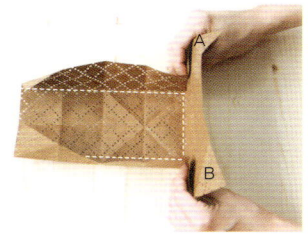

5 : 종이를 펼쳐 양쪽 가장자리를 안쪽으로 접고 긴길이의 1/3을 안쪽으로 접은 후, 대각선 자국을 눌러 모양 잡아주세요.

6 : A와 B를 바깥으로 모은 후 그대로 눌러주세요.

7 : 양쪽 모두 접어두었던 선을 따라 삼각형 모양이 되도록 바깥으로 접은 후 삼각형의 중심에 맞춰 반으로 접어주세요.

8 : 다시 반으로 접어주세요. 반대편도 같은 방법으로 접어 모양을 만들어주세요.

9 : 반대편은 마지막 접을 때 윗부분을 절반보다 더 크게 접어주세요.

10 : 상자를 벌려서 선물을 담고 짧은 부분을 긴 부분 양쪽 홈에 끼워 입구를 봉해주세요.

11 : 선물에 리본을 두르고 스티커를 붙여 마무리해주세요.

바바리맨들의 가을 산책
프링글즈 바바리맨 변신 포장 이야기

낙엽 위에 우수에 찬 모습으로 서있는 프링글즈 바바리맨 1~
한쪽에서 밀짚모자로 멋부리고 폼 재며 서있는 프링글즈 바바리맨 2~
쌀쌀한 가을바람 불고 낙엽이 우수수 떨어지는 거리를 걷고 있는 프링글즈 바바리맨들…

저 뒤에서 먼 곳을 응시하고 있는 프링글즈 바바리맨 2를 발견한 프링글즈 바바리맨 1.
성큼성큼 다가가 말을 건넨다.
"저기… 불 좀 빌려주실래요?"
잠시 후 없다고 설레설레 고개를 젓는 프링글즈 바바리맨 2.

"역시나… 없군.요. 휴…"
함께 먼 곳을 응시하는 프링글즈 바바리맨 1,2.
이즈음에서! 불이 필요한 분은 가지고 다닙시다.

16 프링글즈 바바리맨 변신 포장

//Ready//

┌ **재료** … 크래프트지,
│　　　　2.5cm폭 버버리체크리본,
│　　　　단추, 미니 밀짚모자
└ **도구** … 칼, 가위, 양면테이프, 실, 바늘

1 : 포장지 세로 길이를 캐릭터 얼굴 바로 아래부터 밑면까지의 길이로 잘라주세요. 가로 길이는 몸통둘레+5~6cm 정도로 잘라주세요.

2 : 몸통을 감싸고 끝부분을 바깥으로 젖혀 삼각형모양이 되도록 접어요.

3 : 반대편으로 몸통을 마저 감싸고 끝부분을 같은 방법으로 접어 코트깃을 만들어주세요.

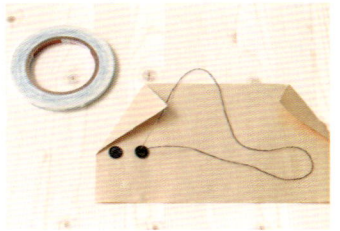

4 : 포장지를 펼쳐 먼저 접었던 코트깃의 아래쪽에 단추를 달아주세요. 단추는 꿰매도 되고, 양면테이프 등으로 붙여주어도 된답니다.

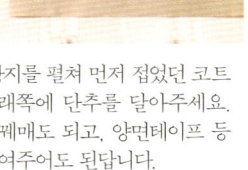

코트깃 가장자리를
한땀씩 꿰매어
모양내주어도 좋겠죠.

5 : 프링글즈 몸통에 포장지를 다시 두르고 리본으로 묶어주세요.

— Wrapping Essay —

우리 만난 지 1177일째

샤오잉으로부터 온 특별한 선물

오 마이 갓!!! 1000일째는 내가 챙겨주고 싶었는데….

늘 이렇게 바쁘다는 핑계로 무심한 언니 바람마녀. 그럼에도 불구하고 밥은 잘 먹었는지 감기는 안 걸렸는지 언제나 내 안부와 건강을 챙기는 순둥이 동생 샤오잉. 이게 우리 둘이에요. 언니와 동생이라고 하기엔 실상 나이 차이가 너무 클지도 모르겠어요. 중학교 1학년이었던 샤오잉이 지금은 어엿한 고등학생이 되었지만 따지고 보면 제 큰조카보다도 어리니 말이에요. 그래도 우린 아무 거리낌 없이 언니, 동생으로 지낸답니다.

샤오잉은, 제가 가진 재료 중 일부를 소분 판매하면 안 되겠느냐는, 종종 받곤 하는 질문을 해온 아이였어요. 원래 그런 판매를 하지 않지만 질문 속에서 느껴졌던 샤오잉의 여린 심성을 모른 척하기엔 마음이 불편해서 이번만 그냥 보내주겠노라고 했어요. 부탁 받은 재료만 챙기기 허전해서 전날 만들었던 호두 스콘과 잼을, 뒤돌아보면 우습기까지 한 엘레강스한 분위기의 스콘 봉투에 담아 함께 보냈지요.

그 후로도 샤오잉은 꾸준히 블로그에 찾아와 학교 이야기, 친구 이야기, 가족 이야기들을 하나 둘씩 들려주기 시작했고 저는 왠지 샤오잉의 그런 조잘거림을 읽고 이런저런 질문들에

답하는 일이 즐거웠어요. 그렇게 우리
서로에 대해 차곡차곡 알아가기 시작
했지요.

그리고 몇 달 후, 제 작업실에 배달된
큼직한 택배상자. 다름 아닌 샤오잉의
깜짝 생일축하 선물이었어요. 거기엔
한 며칠 챙겼을 법한 선물들이 한가득
~ 나를 위한 달지 않은 코코넛롱 머

빼곡히 쓴 편지와 직접 만든
머핀과 케이크, 거기다 제가 좋아하는
홍차를 선물로 받았답니다. :)

핀과 녹차 크랜베리 사브레, 홍차 쿠키, 내가 좋아하는 홍차와 이런저런 티들. 그리고 열심
히 쓴 편지와 어디서 찾았는지 30대를 위한 글귀 모음!

편지에는 제가 많이 단 음식을 안 좋아한다고 해서 머핀과 쿠키들도 달지 않게 만들었다는
이야기와 감기 걸린 저를 걱정하는 이야기 등이 빼곡히 적혀있었어요.

샤오잉은 늘 그런 식이에요. 언니가 무얼 좋아하니까, 언니에게 필요할 것 같아서, 언니가 지
금 어떠하니까… 사람이 그러하니 그 사람이 준비한 선물도 늘 그렇지요. 언젠가 우리 만난
지 500일째라며 기념선물로 보내왔던 선물에는 추위 많이 타는 나를 위한 무릎담요와 두툼
한 양말, 포장하는 내게 많이 필요한 테이프 디스펜서, 종이를 주름잡는 주름공작기, 이런저
런 포장상자와 재료들 한 아름~ 거기에 내가 좋아하는 홍차들까지.

해준 것도 없는데 이런 마음을 받아도 될까 싶을 정도로 하나에서 열까지 온통 나를 위하는
마음, 배려하는 마음, 걱정해주는 마음으로 꽉 찬, 너무나 고맙고 충만한 느낌!

거기에 중학생이 배운 적도 없이 혼자 인터넷을 뒤져가며 베이킹을 한다는 게 신통하기도 하
지만 어린 손에 밀가루와 버터, 물 묻혀가며 며칠 걸려 만들었을 법한 양의 케이크와 쿠키
들을 보고 있노라면…

때때로 그런 샤오잉에게서 많은 걸 배운답니다. 무엇보다 누군가를 진심으로 위하고 아끼고
배려하는 마음! 그런 마음에는 값비싼 선물이 아니어도, 거창하고 예쁜 포장이 없어도
감동할 수밖에 없겠죠. 선물이란 그런 것 아닐까. 그리고 그 소중한 마음을 담는 포장도
그래야 하는 건 아닐까 하는 생각을 해봅니다.

올해는 열공하라는 뜻에서
학용품 선물을. 못했던 수다들
잔뜩 적어 보낼 거랍니다.

Third wrapping story is...

선물포장 세번째 토크

선물에 사랑 꾹꾹
눌러 담기

격식 있는 선물을 전할 때
여러 개의 리본장식으로
풍성한 볼륨을 만들어보세요.
리본의 아름답고 풍성한 조화가
선물을 더욱 돋보이게 만든답니다.

01 리본장식으로 멋 부린 선물포장

//Ready//

─ **재료** … 스타드림지, 2.5cm폭 그레이스리본,
1.8cm폭 공단리본, 공예 와이어,
스티커
─ **도구** … 칼, 가위, 공예용 니퍼, 롱로우즈

🎀 **재단크기**

─ **가로** … 상자둘레+상자 윗면폭
─ **세로** … 상자길이+(상자높이의 2/3x2)

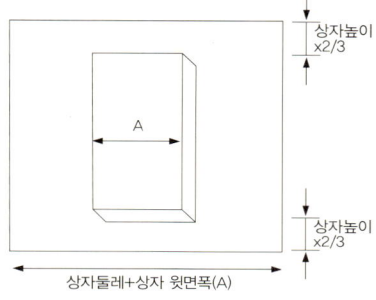

상자높이
x2/3

A

상자높이
x2/3

상자둘레+상자 윗면폭(A)

1 : 재단한 포장지로 상자를 두르
고 나머지 포장지는 중심을 기준으
로 V자 모양이 되도록 바깥으로 접
어주세요.

2 : V자 모양으로 접은 선을 다시 안
쪽으로 접은 후, 안쪽에 양면테이프
를 붙여 상자에 고정해주세요.

3 : 높이면은 캐러멜포장하듯이 위
쪽을 먼저 접어 내리고 양옆을 접어
넣은 후 아래쪽을 접어 올려주세요.
남는 시접은 안쪽으로 접어 넣고 양
면테이프로 고정해주세요.

4 : 그레이스리본을 반으로 접어 중심
을 표시하고, 양끝을 양면테이프로 붙
여 링을 만들어 표시한 중심에 붙여주
세요. 중심에 와이어를 끼우고 주름잡
아 나비리본장식을 만들어주세요.

와이어로 리본장식을 만들 때는
와이어를 중심에 끼워 주름잡은 후,
리본장식 뒷면에서 와이어를 돌려
감아 고정하면 돼요.

5 : 1.8cm폭 공단리본으로 보우 세
개를 만들고 중심에 와이어를 끼워
주름잡아 트리플리본장식을 만들어
주세요.

6 : 1.8cm폭 공단리본으로 일자매
기한 후 4, 5에서 만든 나비리본과
트리플리본장식을 얹고 한 번 묶어
고정해주세요.

7 : 4, 5의 리본장식과 보우의 방향
이 엇갈리도록 나비리본장식을 만
들어주세요.

화장품 상자처럼 길고 작은 직사각형 상자를 포장할 때
한번쯤 해볼만한 포장법이에요. 포장지 끝부분에
작은 메모를 끼울 수 있어 카드가 따로 필요 없답니다.

Just For You

02 메시지 살짝 끼운 화장품 선물포장

//Ready//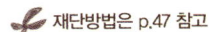

- 재료 … 스트라이프 아트지, 1.2cm폭 공단리본,
  2.5cm폭 골지리본, 공예 와이어
- 도구 … 칼, 가위, 공예용 니퍼, 롱로우즈,
  양면테이프

🎀 재단방법은 p.47 참고

1 : 정사각형으로 재단한 포장지를 마름모꼴로 펼치고 중심에 선물상자를 뒤집어놓은 후 상자 긴길이 양옆을 접어 올려주세요.

2 : 상자높이면 모서리에 맞게 포장지를 안쪽으로 접어 넣어주세요.

3 : 아래쪽 포장지를 끌어올려 상자높이면에 맞게 시접을 접어 넣어주세요.

4 : 상자를 덮어주세요.

교차되는 마감선 반대편에 리본장식을
만들려면 선물을 뒤집어놓고 포장해주세요.

5 : 반대편도 같은 방법으로 포장하고 포장지 끝에 양면테이프를 붙인 후 상자에 고정해주세요.

6 : 골지리본으로 8자리본장식을 만들고 상자를 원래대로 바로 놓은 뒤 공단리본으로 십자매기해 주세요.

7 : 십자매기한 중심에 8자리본장식을 얹고 묶은 후 나비리본장식을 만들어주세요.

8 : 종이에 원하는 스탬프를 찍고 양면테이프를 붙인 포장지 끝에 끼우면 작은 포켓도 된답니다.

겨울의 끝 무렵, 오랜만에 친구들을 만나 그림 좋은 카페에서 수다를 떨었더랬죠.
친구들의 풍성한 내일을 기원하는 마음을 담아본 화사한 봄꽃 같은 포장.
하나씩 안겨주니 봄처럼 밝은 미소가 친구들 얼굴에 한 가득 번졌답니다.

03 베프들을 위한 폼폰보우 선물포장

//Ready//

- 재료 ⋯ 레자크지, 1.5cm폭 공단리본,
  2cm폭 와이어리본, 도일리페이퍼,
  공예 와이어
- 도구 ⋯ 칼, 가위, 양면테이프, 공예용 니퍼,
  롱로우즈

✄ 재단방법은 p.53 참고

- 가로 ⋯ 상자둘레+2~3cm
- 세로 ⋯ 상자길이+[(상자높이+1cm)x2]

1 : 포장지 한쪽 끝을 1cm 정도 접어 양면테이프를 붙이고 상자에 둘러 뒷면에서 고정해주세요.

2 : 높이면은 양옆을 접어 넣은 후 시접 있는 쪽을 먼저 접어 내리고 아래쪽을 접어 올려요.

3 : 남는 시접을 안으로 접어 넣고 양면테이프로 붙여주세요.

4 : 도일리페이퍼를 얹고 1.5cm폭 공단리본으로 상자를 십자매기해주세요.

5 : 2cm폭 와이어리본을 상자 짧은 길이에 맞게 열 바퀴 정도 감고 양끝을 잘라주세요.

6 : 잘라낸 부분이 맞닿도록 겹쳐 와이어로 고정해주세요.

7 : 십자매기한 리본 위에 6을 올리고 묶어주세요.

8 : 리본고리를 좌우로 번갈아 가며 빼내어 폼폰보우를 만들어주세요.

상자를 굴려가며 재단하는 회전식 선물포장을 배워봐요.
깔끔하게 재단한 후에 포장을 하면 그것만으로도 세련되어 보인답니다.
마스킹테이프나 리본으로 장식해도 좋아요.

04 종이테이프로 장식해보는 회전식 선물포장

//Ready//

- **재료** … 아트지, 1.2cm폭 니트리본, 마스킹테이프
- **도구** … 칼, 가위, 양면테이프

회전식 포장은 재단할 때와는 반대로
재단 끝지점에 상자를 놓고 시작하세요.

1 : 재단한 포장지를 마름모꼴로 펼치고 선물상자를 놓은 후, 재단하면서 손다림질해준 선을 따라 포장지를 접어 올려요.

2 : 포장지를 높이면에 맞게 안쪽으로 접어 넣어요.

3 : 아래쪽 포장지를 끌어올려 상자의 높이 모서리에 맞게 접어 넣고 상자를 덮어주세요.

4 : 재단할 때처럼 상자를 한 바퀴 회전시켜 주세요.

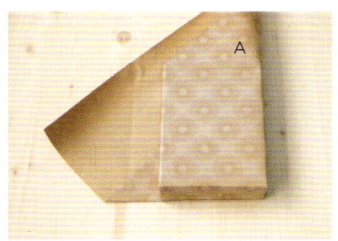

5 : 재단시 손다림질해준 선에 맞춰 포장지를 접어 넣어주면 손쉽답니다.

6 : 5의 A부분도 2~3과 같이 먼저 높이면 포장지를 접어 넣으세요.

7 : 높이 모서리선에 맞게 시접을 접어 넣은 후 상자를 덮어주세요.

8 : 덮은 포장지를 안쪽으로 접어 넣어주세요.

9 : 남은 부분도 높이면에 맞게 접어 넣은 후 상자를 덮고 안쪽에 양면테이프를 붙여 고정합니다.

10 : 마스킹테이프로 시접이 없는 상자 윗면을 장식해요.

11 : 리본으로 일자매기한 후 외리 본장식을 만들어주면 완성이에요.

 남은 부분 양옆을 안쪽으로 접어 넣어 8의 포장지와 y자 모양이 되도록 만들기도 해요.

바람마녀의 재단 노하우

회전식 포장 재단법

회전식 포장은 포장지의 재단이 무엇보다 중요해요. 상자를 굴려가며 재단할 때 포장지에 상자의 모서리선을 손다림질해 주면 포장지에 상자의 자국이 남아, 이후의 포장이 훨씬 편하답니다.

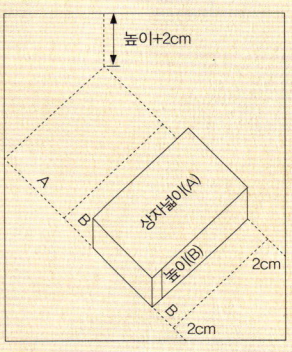

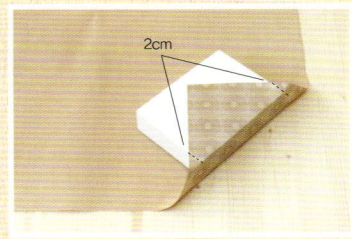

1 포장지의 끝에 상자를 비스듬히 놓고 상자 윗면 양쪽을 2cm 정도 덮어주세요.

2 상자를 대각선 방향으로 한 바퀴 회전시켜주세요. 그런 다음 상자 모서리선을 높이면까지 손다림질해 주세요.

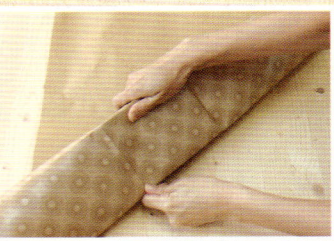
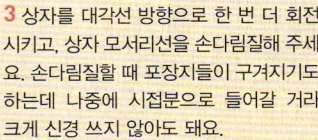

3 상자를 대각선 방향으로 한 번 더 회전시키고, 상자 모서리선을 손다림질해 주세요. 손다림질할 때 포장지들이 구겨지기도 하는데 나중에 시접분으로 들어갈 거라 크게 신경 쓰지 않아도 돼요.

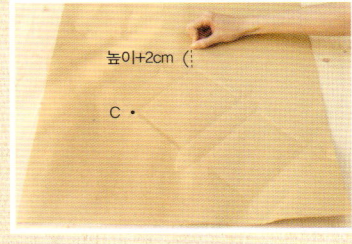

4 상자를 감싼 포장지를 펼치고 마지막 상자넓이 끝점에서 포장지와 직각이 되는 방향으로 상자높이+2cm 정도 나간 지점을 체크하고, 접어 잘라주세요.

5 반대편은 상자넓이 끝점을 기준으로 포장지를 접어 자르면 재단 완성이에요.

눈꽃 모양은 왠지 보는 것만으로도 순수해지는 느낌이 들어요. 차가운 눈의 결정체인데도
어딘가 따뜻한 느낌도 있고요. 육각모양의 상자에 눈꽃 모양 라벨을 달아보았어요.
하늘색 포장지와도 참 잘 어울리죠?

05 눈꽃라벨로 장식한 육각상자

//Ready//

⎡ **재료** ··· 메탈플러스지, 타공지,
⎢ 　　　　2.5cm폭 골지리본, 눈꽃라벨 템플릿
⎣ **도구** ··· 칼, 가위, 양면테이프

시접 전체에 양면테이프를
붙이는 것보다 높이에만
붙이면 더 풀기 쉬워요.

1 : 포장지 한쪽 끝을 1cm 정도 접
고 시접 끝을 상자모서리에 맞추어
높이에만 양면테이프를 붙여요.

2 : 포장지로 상자를 둘러 양면테이
프로 고정하세요.

3 : 양손으로 상자 두 변의 포장지
를 눌러, 중심에서 맞는지 위아래 모
두 체크해요.

4 : 밑면을 대략 접어주세요.

5 : 시접이 있는 변부터 육각상자 모서
리에 맞게 손다림질하고, 접은 끝이 상
자의 중심을 향하도록 접어 넣어요.

6 : 나머지 면들도 한 방향으로 5와
같이 접어 넣어주세요.

7 : 마지막도 중심에 맞추어 접은 후 맨 처음 접어놓은 면 아래 끼워 넣어요.

8 : 밑면도 윗면과 같은 방법으로 포장하세요.

9 : 골지리본을 상자 중심에 둘러 양 면테이프로 고정하세요.

10 : 눈꽃라벨 템플릿을 오려 리본 위에 붙여요.

템플릿은 p.271에 있어요.

육각상자 캐러멜포장 재단법

재단크기
- **가로** ··· 상자둘레+2cm
- **세로** ··· 상자의 직경+높이

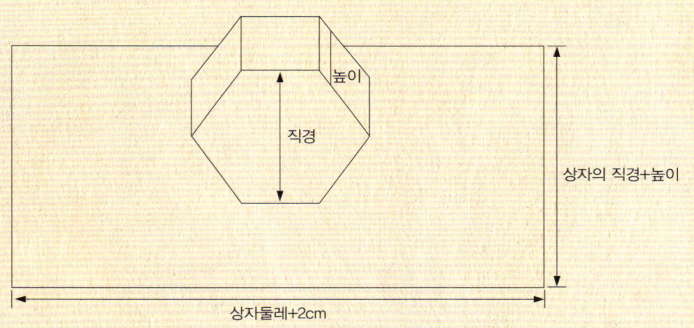

높이

직경

상자의 직경+높이

상자둘레+2cm

1 포장지 끝에 육각상자의 끝을 맞춰 놓고 상자의 높이와 직경 끝까지 체크하고, 체크지점을 기준으로 포장지를 접어요.

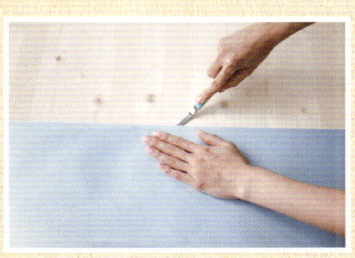

2 길게 뺀 칼날이 바닥에서 떨어지지 않도록 살짝 눌러가며 위로 밀듯이 포장지를 잘라요.

3 포장지로 상자를 감싸고 2cm 정도의 여유분을 더해 포장지를 접은 후, 2와 같은 방법으로 잘라요.

육각상자 포장을 응용해서 만든
저만의 포장법을 소개해요.
시접을 포개듯이 접어 넣어주면
색다른 육각상자 포장이 탄생한답니다.
그린 계열의 아트지에 올리브 열매를
장식해 포인트를 줘봤어요.

06 나만의 육각상자 포장

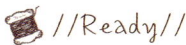

//Ready//

┌ 재료 … 영문패턴 아트지, 왁스끈,
│　　　올리브열매 조화
└ 도구 … 칼, 가위, 양면테이프,
　　　　공예용 니퍼

✄ 재단방법은 p.131 참고

┌ 가로 … 상자둘레+2cm
└ 세로 … 상자의 직경+높이

1 : 포장지 한쪽 끝을 1cm 정도 접고 시접 끝을 상자 모서리에 맞추어 높이에만 양면테이프를 붙여요.

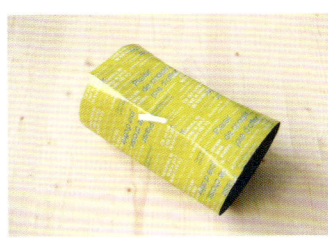

2 : 포장지로 상자를 둘러 양면테이프로 고정하세요.

3 : 양손으로 상자 두 변의 포장지를 눌러 중심에서 맞는지 위아래 모두 체크하세요. 그런 다음 밑면을 대략 접어놓아요.

4 : 상자 모서리에 맞게 손다림질한 후 윗면의 시접 아랫부분부터 접어 넣어요.

5 : 한 방향으로 높이 모서리선대로 포개듯이 접어주세요.

6 : 접은 시접 끝이 중심에 모이도록 밑면도 같은 방법으로 접어요.

7 : 상자 높이면을 삼각매기하고 외리본장식을 만들어요.

8 : 올리브열매 조화를 니퍼로 잘라 리본장식 안쪽에 끼워주세요.

몇 해 전 가족여행 때 해변가 모래사장에서
막내조카와 벌인 조개껍데기 줍기 놀이.
봉지에 수북이 담아온 크고 작은 조개껍데기로
무얼 할까 하다가 선물포장에 붙여 보았어요.
추억이 가득 담긴 사진액자와 함께
행복한 여행의 흔적을 담아봅니다.

07 해변의 추억을 담아서

//Ready//

재료 … 양면지, 라피아끈, 조개껍데기,
　　　　인조 불가사리 장식, 나무집게
도구 … 칼, 가위, 모양가위, 양면테이프,
　　　　글루건

재단크기

가로 … 상자둘레+4~5cm 정도
세로 … 상자길이+(상자높이의 2/3x2)

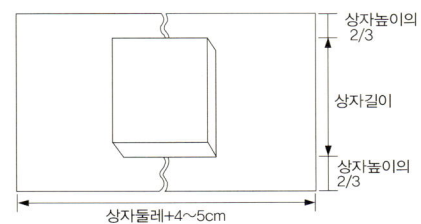

상자높이의 2/3
상자길이
상자높이의 2/3
상자둘레+4~5cm

앞뒤를 모두 사용할 수 있는
양면지를 활용하면 좋아요.

1 : 포장지를 옆의 재단그림과 같
이 재단하고 모양가위로 절반을 잘
라주세요.

2 : 모양가위로 자른 포장지 중 하
나를 뒤집어 양면테이프를 붙여서
한 장으로 만드세요.

3 : 포장지 끝을 1cm 정도 접어 선
물상자에 두르고 모양가위로 잘라
붙인 부분이 상자 윗면에 오도록 해
주세요.

4 : 접은 시접에 양면테이프를 붙인
후 상자에 고정해주세요.

5 : 높이면은 접어 내리고, 양옆을
안쪽으로 접은 후 밑면을 접어 올려
캐러멜포장해 줍니다.

6 : 라피아끈 두 줄로 상자를 묶은
후 끈을 양쪽으로 벌리고, 인조불가
사리를 글루건으로 붙인 나무집게
를 꽂아 마무리해주세요.

7 : 해변에서 주운 조개껍데기를 글
루건으로 상자에 붙여 장식하면 완
성이에요.

원통 형태의 선물을 포장할 때 잘 어울리는 포장법을 소개해요.
화분을 포장할 때나 캔 종류를 포장할 때도 쓸 수 있어 익혀두시면 여러모로 도움이 될 거예요.

08 냅킨으로 하는 원통 주름포장

재료 … 냅킨, 인조가죽끈, 단추,
   공예 와이어나 빵끈
도구 … 가위, 양면테이프

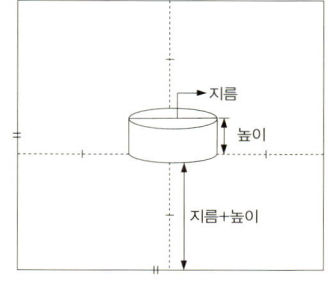

1 : 냅킨을 마름모꼴로 펼치고 중심에 원통을 놓아요.

2 : 위아래를 원통 중심으로 모아 한 손으로 고정하고, 안쪽에서 바깥쪽 방향으로 주름을 잡아주세요.

3 : 원의 1/4만큼 일정한 간격으로 주름 끝이 중심에 모이도록 주름을 잡고 나머지 1/4도 주름을 잡아요.

4 : 반대편도 같은 방법으로 주름을 잡은 후 양옆에 남는 여유분은 단처럼 맞주름을 잡아주세요.

5 : 중심을 와이어로 묶어 고정하고 인조가죽끈으로 묶어 나비리본을 만든 후, 와이어는 다시 풀어주세요.

6 : 단추 뒷면에 양면테이프를 붙여 리본장식 앞에 고정해주면 완성이에요.

* Wrapping Note *

❶ 냅킨이 아니라 부직포 등으로 포장할 때는 중심에 원을 놓고 사방의 여유분을 (높이+지름) 정도의 크기로 재단하면 된답니다.

❷ 냅킨을 고를 때는 냅킨의 사방이 원통을 덮었을 때 윗면이 완전히 덮힐 정도의 크기면 돼요.

정성스레 뜨개질한 목도리나 스웨터 등을 선물할 때,
포장지 한 장만으로 해결할 수 있는 포장법. 리본을 풀고
가운데를 벌리면 선물을 꺼낼 수 있답니다.

09 큼직한 뜨개 선물을 포장지 한 장으로

 **//Ready//**

- **재료** … 꽃지, 2cm폭 스티치 면리본, 단추
- **도구** … 칼, 가위, 양면테이프,
  스탬프와 잉크패드

✄ **재단크기**

- **가로** … 선물폭의 2배+높이의 2배+4cm 정도
- **세로** … (선물길이+여유분)의 2배 정도

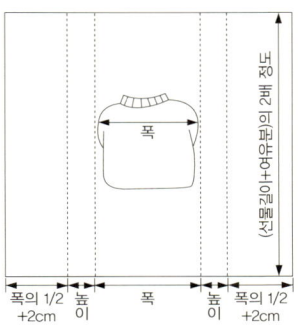

폭의 1/2 +2cm | 높이 | 폭 | 높이 | 폭의 1/2 +2cm

1 : 포장지 위에 선물을 놓고 두른 후 4cm 정도의 여유분을 더한 지점을 체크하고, 체크지점을 기준으로 포장지를 접어 잘라요.

2 : (선물길이+여유분)의 두 배 길이로 포장지 세로길이를 잘라주세요.

3 : 포장지 끝을 1cm 정도 접고 선물 윗면 중심에 시접 끝이 오도록 위치를 잡아요. 포장지에 선물의 양쪽 폭과 높이 한쪽을 살짝 접어 표시하세요.

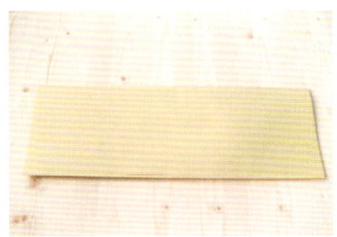

4 : 선물을 잠시 빼두고 체크한 선물의 양쪽 폭을 접어요.

5 : 표시해둔 높이지점도 접어 높이면을 만들고, 반대편도 같은 길이로 접어 높이면을 만들어요.

6 : 5의 높이 양쪽을 반으로 접어요.

7 : 선물을 놓고 윗면을 덮어주세요.

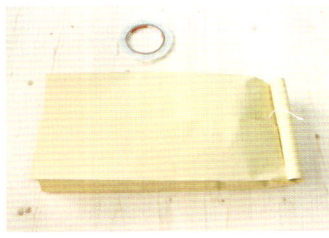

8 : 끝을 말아서 양면테이프로 붙여주세요.

9 : 반대편도 똑같이 말아서 붙여주세요.

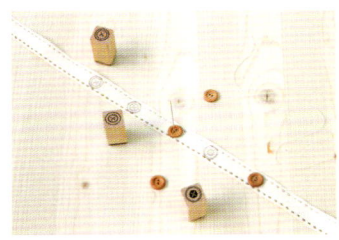

10 : 면리본에 단추를 꿰매고 사이사이에 단추 스탬프를 찍어주세요.

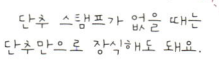

단추 스탬프가 없을 때는 단추만으로 장식해도 돼요.

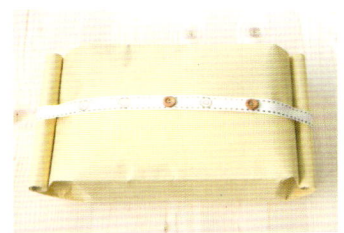

11 : 스티치 면리본을 둘러 선물 뒷면에서 양면테이프를 붙여주세요.

옷이나 베개, 쿠션 등을 선물할 때도 활용해보세요.

10 내추럴 비누 포장

비누가 여러 개일 때는
비누를 쌓아놓고 긴길이를 기준으로
포장지를 재단하세요.

//Ready//

┌ **재료** … 크래프트지, 스티커,
│   아이비 잎
└ **도구** … 칼

🎀 **재단크기**
가로/세로 … 비누 긴둘레+비누 긴길이

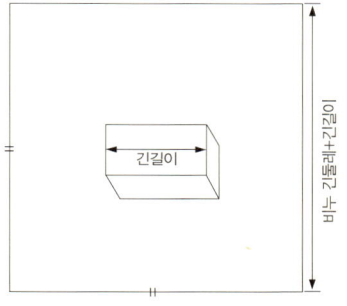

긴길이

세로 ··· 비누 긴둘레+긴길이

1 : 포장지로 비누의 긴길이를 한 바퀴 두르고 비누 윗면을 덮을 정도의 크기로 잘라주세요.

2 : 자른 포장지를 대각선으로 접어 정사각형으로 잘라요.

3 : 삼각형 모양으로 포장지를 놓고 아래쪽을 비누 짧은길이의 절반보다 약간 크게 접어 올려요.

4 : 삼각형 꼭지점을 기준으로 좌우가 비누 긴길이보다 약간 크도록 안쪽으로 모아 접어주세요.

5 : 접은 오른쪽 날개를 가장자리에 맞게 위로 접어 올려요.

6 : 반대편도 4와 같이 안쪽으로 모아 접어요.

7 : 6을 가장자리에 맞게 접어 올려요.

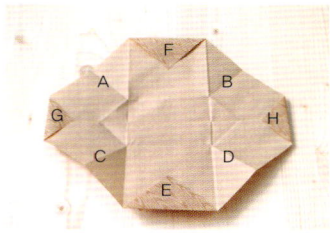

8 : 접은 포장지를 모두 펼치고 네
귀퉁이(E,F,G,H)를 삼각형이 되도
록 접어요.

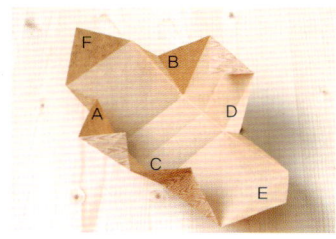

9 : 접었던 선을 따라 A,B,C,D를 안
으로 모아 접어 넣어주세요.

10 : 비누를 넣고 C, D를 모아 접은
뒤 E의 삼각형으로 덮어 주세요.

11 : A,B를 모아 접으며 상자의 모
양을 잡아주세요.

12 : F를 펼쳐서 뚜껑처럼 덮은 뒤
끝에 스티커를 붙이고 아이비 잎을
꽂아 마무리해주세요.

요즘에는 집에서 비누를 직접 만드는 이들이 많죠. 좋아하는 재료와 고유의 향을 지닌
나만의 비누를 만들고, 비누 모양에 딱 맞는 상자까지 만들어 넣으면 선물하기에 좋을 거예요.
포장지를 접어 예쁜 비누 케이스를 만들어보세요.

날씨가 추워지면 더 많이 찾게 되는 따뜻한 차 한잔.
한 모금씩 맛과 향을 음미할 때의 행복이란…!
티주머니에 행복을 담아 나누고 싶은 앙증맞은 포장이랍니다.

11 찬바람 불 때~ 따끈한 주머니 장식 티 포장

//Ready//

─ **재료** ··· 아트지, 1.5cm폭 면리본,
　　　　크래프트지, 1cm폭 면체크리본
─ **도구** ··· 칼, 가위, 양면테이프, 아일렛펀치,
　　　　스탬프와 잉크패드

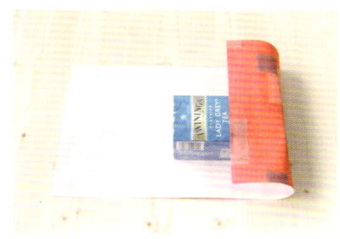

1 : 포장지 끝을 1cm 정도 접은 후
양면테이프를 붙이고 티 상자에 둘
러 주세요.

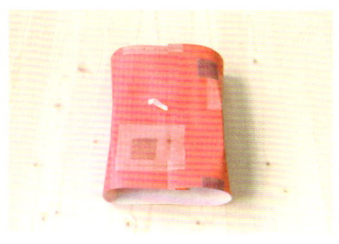

2 : 반대편 포장지로 상자를 덮고 시
접 접은 면 아래로 넣어준 후, 양면테
이프로 고정해주세요.

3 : 밑면은 시접 있는 쪽을 접어 내
리고 양옆을 접어 넣은 후, 아래쪽을
접어 올려요. 누운 대문자 Y 모양이
되도록 안쪽으로 접어 넣고 양면테
이프를 붙여요.

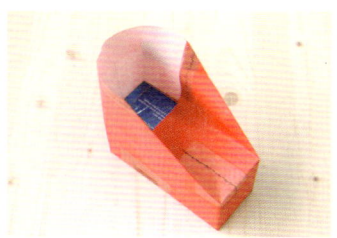

4 : 티 상자 윗면의 한쪽 옆을 접어
넣으세요.

5 : 4와 같이 나머지 한쪽도 접어 넣
으세요.

6 : 삼각형 부분을 맞대어 아일렛펀
치로 구멍을 뚫으요.

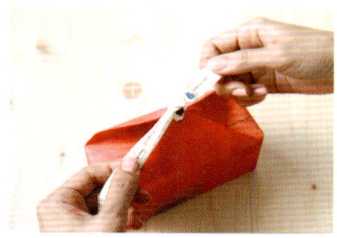

7 : 구멍에 면리본을 끼워 묶어주
세요.

8 : 크래프트지를 6×14cm 크기로
잘라 양옆을 접고 반으로 접어 붙여
봉투를 만든 후, TEA라고 스탬핑해
주세요.

9 : 봉투에 휴지나 솜을 넣어 볼록
하게 만들고, 끝부분을 모아 면체크
리본으로 묶고 외리본장식을 만들
어요.

10 : 완성한 티주머니를 포장한 티
상자 앞에 양면테이프로 붙여요.

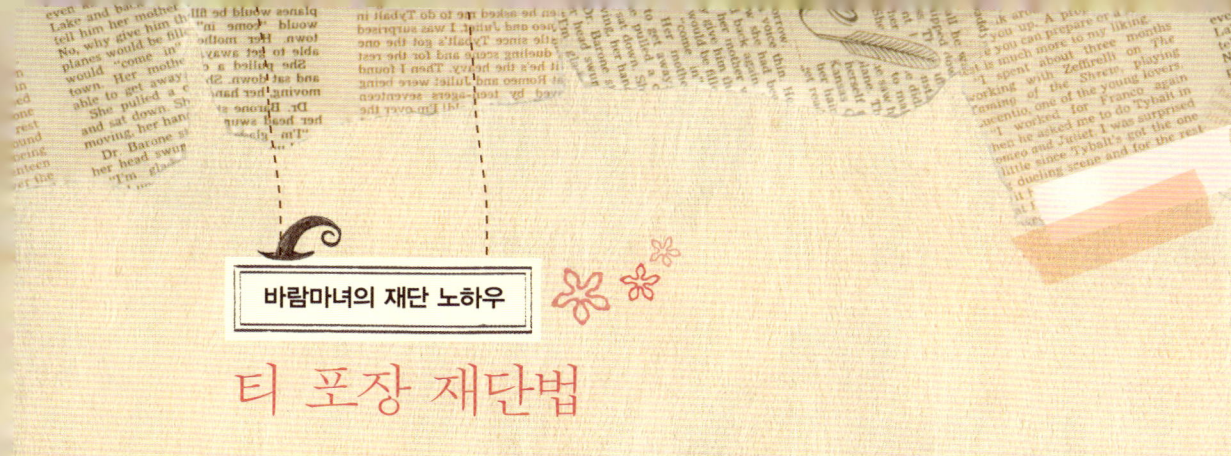

티 포장 재단법

재단크기
- 가로 … 상자둘레+2~3cm
- 세로 … 긴길이의 2/3+높이+밑면의 2/3

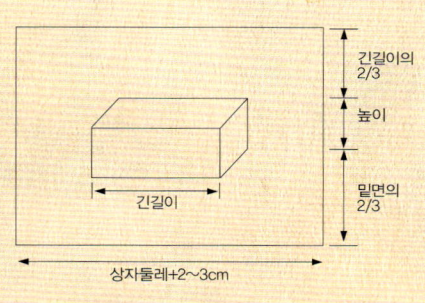

긴길이의 2/3
높이
밑면의 2/3
긴길이
상자둘레+2~3cm

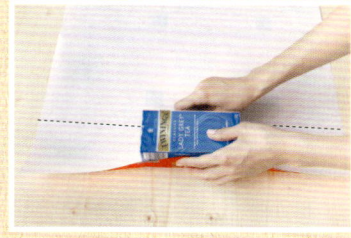

1 포장지 위에 티 상자 밑면 높이의 2/3 지점을 맞춰 놓고, 티 상자의 높이까지 체크하세요.

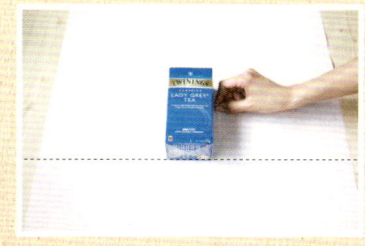

2 티 상자를 1의 체크한 지점과 수직이 되게 놓고 긴길이의 2/3지점을 체크해주세요.

3 체크지점을 기준으로 포장지를 접어 잘라요.

4 티 상자의 가로둘레+2~3cm 정도 지점을 체크해 주세요.

5 체크지점을 기준으로 포장지를 접어 잘라 주세요.

어릴 때 자주 가지고 놀던 종이인형 기억하시나요?
추억의 종이인형을 오리듯 남과 여 이미지를 오려 붙여보세요.
훌륭한 장식이 된답니다. 특히 사랑하는 연인끼리 선물할 때 어울릴 것 같아요.

12 종이인형 오리듯, 남과 여

//Ready//

— **재료** … 상질지, 2.5cm폭 검정리본,
  1.5cm폭 스트라이프 골지리본,
  남과 여 템플릿
— **도구** … 칼, 가위, 양면테이프

✄ **재단방법은 p.37 참고**

— **가로** … 상자둘레+2~3cm 정도
— **세로** … 상자길이+(상자높이의 2/3×2)

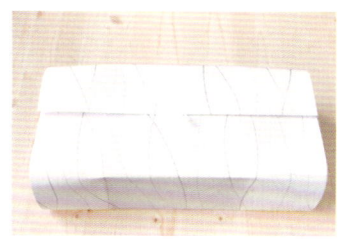

1 : 포장지 한쪽 끝을 1cm 정도 접어 양면테이프를 붙이고 상자에 둘러 뒷면에서 고정해주세요.

2 : 높이면은 캐러멜포장하듯이 대문자 Y모양이 되도록 포장해요.

3 : 2.5cm폭 검정리본과 1.5cm폭 스트라이프 골지리본을 겹쳐서 일자매기하고, 나비리본장식을 만들어주세요.

4 : 남과 여 템플릿을 오려서 선물 앞에 붙여주세요.

템플릿은 책 뒤 부록에 있어요.

사랑하기에 좀더 행복한 우리를 위해

종이인형 오리듯, 남과 여에 얽힌 이야기

어릴 적 가위 쥔 손가락이 빨개지도록 오리고 또 오리던 종이인형.

그렇게 모은 종이인형을 함께 가지고 놀던 친구들은 제각각 동화를 쓰곤 했지요.

예쁜 드레스를 입고 무도회에 가서 왕자님을 만나 함께 춤추고 해피엔딩으로 끝나는 스토리, 멋진 옷을 차려 입고 백화점으로 쇼핑가는 이야기, 인형 친구들과 산과 바다로 피크닉을 떠나는 여행기 등등.

친구들이 쓴 동화에 맞춰서 놀곤 하던 저는, 왕자님을 만나 해피엔딩으로 끝나는 스토리를 지어내는 아이들이 가장 많다는 걸 알았고, 솔직히 그 스토리가 제일 재미없었어요. 왜 꼭 무도회를 가야 하는 건지… 왕자님과 춤을 추면 해피엔딩인 건지… 어린 맘에도 무도회, 왕자님 같은 건 비현실적으로 느껴졌고, 정말 해피엔딩으로 끝나기 전에 어떤 다른 이야기가 있을 것만 같았어요.

그때는 그릴 수 없었던 그 공백의 이야기를 어른이 되어서야 그려보았어요. 어린 동심을 떠올

리며 만든 어설픈 종이인형에 어른이 된 지금 그려본 지극히 현실적인 사랑이야기,
아직도 다 이해하지 못한 나의 남녀 차이 해법!

"제발 날 좀 내버려뒀으면 좋겠어!"
"내가 하는 말엔 도무지 관심이 없어!"
혼자 생각하고 싶은 남자는 여자를 이해하지 못하고, 대화하고 싶은 여자는 남자를 이해하
지 못하지요.
그렇게 다른 남자의 희망사항과 여자의 희망사항 ···.
남자는 자유롭고 싶어하고, 여자는 이야기하고 싶어하고 ···.
때로는 그걸 몰라서, 때로는 알면서도 표현하지 못해서 우리는 서로 티격태격 싸우지요. 그러
면서도 우리는 계속 사랑을 해요. 매일 매일이 행복지수 100%인 날만 있는 게 아니듯이, 사
랑도 사랑지수 100%인 날만 지속되는 게 아니니까.

그래도 사랑으로 더 행복한 나와 우리가 되려면?
서로의 희망 사항 이해하기.
너와 나의 차이 인정하기.
있는 그대로의 너를 받아들이기.
가끔은 너를 위한 배려의 시간 만들어보기.
그러다 보면 사랑지수 높은 날들이 더 많아지겠지요.
어릴 적엔 사랑이란 공부하지 않고도 할 수 있는 거라 생각했는데, 사랑하는 방법도 표현하
는 방법도 배워야 하나 봐요. 갑자기 '사랑과 표현에 대한 과목도 교양필수로 하나쯤 생기면
좋을 텐데' 하는 생각이 드네요.
사랑하기에 좀더 행복한 우리를 위해서~.

긴 원통을 포장하기 좋은 방법을 소개해요.
위아래를 열어 선물을 꺼낸 뒤에도 다른 선물을 담아 재활용할 수 있답니다.

13 왁스끈 원통 포장

//Ready//

┌─ **재료** … 크래프트지, 왁스끈
└─ **도구** … 칼, 가위, 양면테이프

✄ **재단크기**

┌─ **가로** … 원통둘레+2cm
└─ **세로** … 원통지름+원통길이

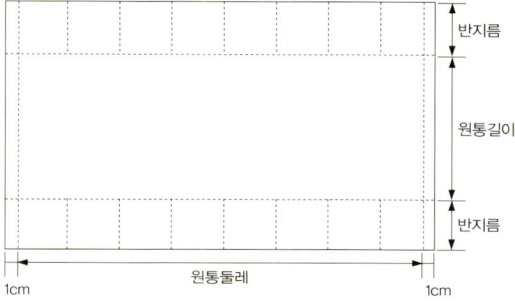

반지름 / 원통길이 / 반지름 / 원통둘레 / 1cm / 1cm

1 : 포장지에 원통의 지름을 체크한 후, 체크지점 끝에 원통을 눕혀서 길이의 끝을 살짝 접어 표시하세요.

2 : 표시한 지점을 기준으로 포장지가 비뚤어지지 않도록 접은 후 포장지를 잘라요.

3 : 포장지의 가로길이는 원통 둘레에 2cm의 여유분을 더한 지점을 체크하고, 체크점을 기준으로 포장지를 접어 잘라요.

4 : 재단한 포장지 양끝을 1cm 정도 접어요.

5 : 포장지 위에 원통을 눕혀서 원통 위아래 부분의 반지름 크기만큼 체크하세요.

6 : 체크점을 기준으로 포장지를 접어요.

7 : 양쪽 1cm 시접을 제외한 위아래 반지름 부분을 8등분해 접어요.

8등분할 때는 반을 접은 후 펼쳐서 접은 선끼리 맞춰가며
다시 반을 접는 식으로 접으면 돼요.

8 : 3의 시접 한쪽 높이면에만 양면
테이프를 길게 붙이고, 포장지로 원통
을 둘러 양면테이프를 떼어가며 고정
하세요.

  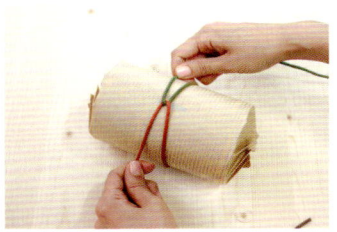

9 : 7의 8등분선을 따라 한 방향으로 포개듯이, 안쪽으로 접히는 시접끝이 중심에
모이도록 접어주세요.

10 : 아랫면도 같은 방법으로 접은
다음 왁스끈을 원통 중심에서 일자
매기하세요.

11 : 남은 끈을 뒤로 돌려 묶어주
세요.

14 마음을 담은 포켓 포장

//Ready//

재료 … 크래프트지 (캐러멜포장),
아트지 (포켓 포장),
1cm폭 피코트리본,
1.5cm폭 공단리본

도구 … 칼, 가위, 양면테이프

캐러멜포장 재단크기(재단방법은 p.37참고)

가로 … 상자둘레+2~3cm
세로 … 상자길이+(상자높이의 2/3x2)

포켓 포장지 재단크기

가로 … 상자둘레+2~3cm
세로 … 포켓길이+상자높이의 2/3

포켓 포장지 재단

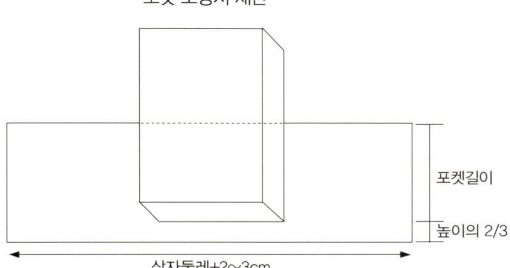

포켓길이
높이의 2/3

상자둘레+2~3cm

바깥으로 한 번 꺾어 접은 다음 다시 안으로
접어 넣으면 비뚤어지지 않게 접을 수 있어요.

1 : 크래프트지를 상자에 맞는 캐러
멜포장 재단크기로 잘라주세요.

2 : 원하는 포켓 길이와 상자높이
의 2/3지점을 체크해 포장지를 자르
고, 상자둘레는 1의 포장지와 같게
잘라주세요.

3 : 크래프트지를 1cm 접은 후 양
면테이프를 붙이고 상자에 둘러 고
정해주세요.

4 : 높이면은 시접 있는 쪽을 접
어 내리고 양옆을 접어 넣은 후 대
문자 Y모양이 되도록 캐러멜포장해
주세요.

5 : 포켓용으로 자른 포장지는 1cm
접은 후 양면테이프를 붙이고, 정해
놓은 포켓길이에 맞춰 상자에 둘러
고정해주세요.

6 : 높이면은 4와 같은 방법으로 마무리해주세요.

7 : 피코트리본을 포켓 위쪽에 둘러 선물 뒷면에서 양면테이프로 고정해주세요.

8 : 공단리본으로 선물의 긴길이를 일자매기한 후 외리본장식을 만들어주세요.

9 : 사진이나 카드를 포켓에 끼우면 완성입니다.

마음 담은 카드 한 장을 꽂을 수 있는
포켓이 있는 선물 어떠세요?
저는 사진 한 장을 꽂아서
추억도 함께 선물해보았답니다.

보자기 한과 이야기

아콰마린님으로부터 온 특별한 선물

구정 연휴 며칠 전쯤 작업실에 도착한 정체 모를 택배 하나. 잠시 어리둥절해 하다가 열어보니 분홍보자기에 곱게 싼 무엇. 아무리 봐도 발신인의 이름은 낯설기만 하고, 내 건망증이 이 정도인가 걱정하면서 기억을 더듬어봐도 무엇을 구입한 적은 없는 것 같고. 뭔가 잘못됐구나 싶어서 보자기를 풀지 못한 채 발신인 란에 적힌 번호로 전화를 걸어 물어보았지요. 아주 씩씩하게!

이런 게 도착했는데~ 어쩌구 저쩌구~ 난 산 적도 없고~ 어쩌구 저쩌구~

보낸 분은 그쪽인데~ 어쩌구 저쩌구~ 난 그 쪽을 모르고~ 어쩌구 저쩌구~

나처럼 어리둥절하던 아저씨가 답하기를, "혹시… 블로거 아니세요?"

발신인 주소지는 어느 한과업체. 그 한과업체에서 블로그 오픈기념으로 이벤트를 열었는데, 응모한 많은 블로거들에게 한과를 보냈다고. 지난 연말부터 너무 바빴던 걸까? 그런 이벤트에 응모한 기억은 없는데… 이웃들 블로그 순회도 잘 못하는 내가 언제 그런 이벤트에 응모하는 착한 짓을 했는지.

부모님 댁에 한과를 보내고 재미 삼아 이야기를 블로그에 올렸는데, 포스트에 달린 비밀 덧글 하나. 어느 이웃이 자기가 보낸 선물이었노라고.

선물을 받으면 잘 받았다고, 감사의 말 한마디라도 건네야 하는 게 도리인데, 선물 보낸 사람도 알아보지 못하다니… 2주일이 지나서야 겨우 전 죄송하고 감사하다는 말을 전할 수 있었던 거예요. 이런…! 돌이켜보니 명절 선물 준비로 정신없던 즈음, 작년 연말에 내가 보냈던 덧글 이벤트 선물이 고마워서 답례로 뭔가 만들어 보내려고 한다는 아콰마린님의 이야기를 읽은 기억이 났어요.

아콰마린님의 한과선물

베이킹도 했지만 망쳐버려서 보낼 수 없었다는 글을 보고 잠시 미소 지었고, 그 예쁜 마음만으로도 선물 받은 것만큼이나 감사하단 생각을 했었어요. 그리고 그 얘기들이 이미 보냈다는 이야기인지 보내려고 한다는 이야기인지 헷갈렸었고, 만약에 홈베이킹한 선물이 도착한다면 아콰마린님이 보낸 거겠구나 하고만 있었는데, 한과일 줄이야….

저는 선물을 받고 잘 도착했다는 이야기를 하지 않는 사람을 보면 타인에 대한 배려가 부족하다는 생각이 들어요. 고맙다는 말을 듣고 싶어서라기보다는, 정성스레 보낸 선물이 분실사고 없이 잘 도착했는지 선물하는 사람이라면 누구나 궁금해지고 기다려지는 회신이니까요. 그래서 더욱 미안한 마음을 지울 수가 없었어요. 그래도 다행스러운 건 미안한 마음을 따뜻하게 받아준 아콰마린님 덕분에 그 일을 계기로 우리는 전보다 조금 더 가까워졌다는 거죠. 지금도 그 보자기 한과만 떠올리면 웃음이 나오니 말이에요.

연말쯤 책과 함께 보내려고 준비해놓았던 아콰마린님을 위한 나의 작은 선물. 작년에 보냈던 화장품 선물이 유용할 것 같아 한참 전부터 골라놓았거든요. 제가 느꼈던 여성스러운 아콰마린님의 이미지를 떠올리며 미안한 마음 꾹꾹 눌러 담아 포장도 해놓고….

그래도 아콰마린님의 마음 앞에선 왠지 제 선물이 작아지는 기분이에요. 그럼 예쁘게 스탬핑해서 수제카드라도 만들어볼까~ 아니면 오랜만에 오븐을 돌려볼까~♬

시간이 흐르고 나면 보자기 한과처럼 우리끼리의 크고 작은 추억이 더 많이 쌓이겠지요. 좋아하는 사람과 또 하나의 선물놀이 할 생각을 하니 점점 설레어져요.

아콰마린님께 보낼 '메시지 살짝 기운 화장품 선물'이에요.

Fourth wrapping story is...

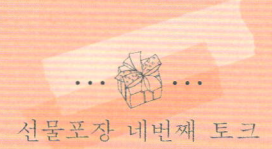

선물포장 네번째 토크

때로는 지구도 생각하기

크래프트지는 내추럴한 질감과 색이 특징이죠. 스탬프 잉크패드를 이용해
빈티지한 느낌으로 연출해보세요. 거기에 빈티지 라벨로 장식하면
어디에서도 볼 수 없는 빈티지 상자가 탄생합니다.

01 빈티지 사각상자

//Ready//

- **재료** … 크래프트 보드지, 종이원단,
  햄프 마끈,
  스티커나 크래프트 빈티지 라벨
- **도구** … 칼, 자, 모양 자, 가위, 양면테이프,
  아일렛세트, 스탬프 잉크패드

템플릿은
책 뒤 부록에 있어요.

1 : 전개도를 오리고 뒷면 가장자리
에 양면테이프를 조금 붙여 상자 만
들 종이 뒷면에 고정해주세요.

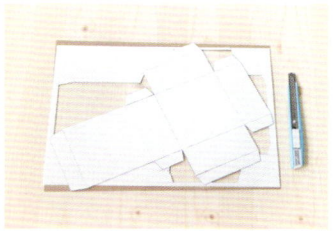

2 : 전개도 안쪽 점선은 칼등이나 컴
퍼스로 접히기 쉽도록 두어 번 그어
주세요. 전개도의 실선은 자를 대고
칼로 그어 오려내세요.

3 : 전개도 모양대로 상자를 접고 양
면테이프나 글루건을 활용해 시접을
붙여주세요.

4 : 스탬프 잉크패드로 상자 가장자
리를 문질러주세요.

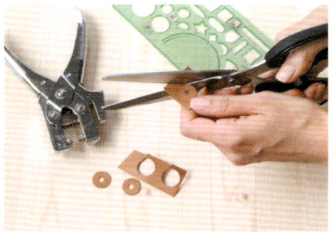

5 : 종이원단에 아일렛펀치로 구멍
을 뚫고 모양 자로 원모양을 그려 오
려요.

6 : 상자 입구에도 구멍을 뚫은 후
종이원단을 겹쳐놓고 아일렛을 끼워
주세요.

7 : 마끈을 종이원단 뒤쪽에 끼워 상
자를 두 번 정도 감은 후, 남는 마끈
을 종이원단 뒤쪽에서 감아주세요.

8 : 상자를 한 바퀴 감은 끈을 구멍
으로 빼고, 한 바퀴 더 감아 다시 구
멍에 끈을 끼워 맨 처음 끈과 묶어줘
도 좋아요. 마무리는 스티커와 크래
프트 빈티지 라벨로 해보았어요.

음식을 담을 때 주로 쓰는 지퍼백을 이용해 멋진 기프트백을 만들었어요.
옷이나 수건 같은 선물을 담을 때 제격이죠. 태그 하나 달아주는 센스도 잊지 마세요.

02 지퍼백으로 기프트백 만들기

 //Ready//

- **재료** ··· 지퍼백, 아트지, 패브릭 데코테이프, 스웨이드끈, 태그
- **도구** ··· 칼, 가위, 양면테이프, 아일렛펀치

주방에 걸어두면 Tea와 커피도 보관할 수 있답니다.

지퍼백의 절반 정도만 포장지를 붙여서 선물이 보이도록 해주어도 좋겠죠.

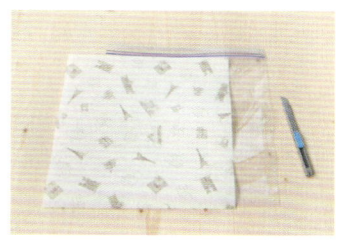

1 : 지퍼백 앞뒤를 덮을 정도의 크기로 포장지를 잘라주세요.

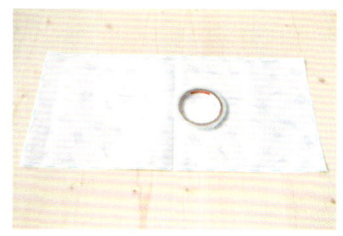

2 : 포장지 가장자리 둘레 네군데 모두에 양면테이프를 붙여요.

3 : 끝부분부터 양면테이프를 조금씩 떼어가며 지퍼백의 앞뒷면에 포장지를 고정해주세요.

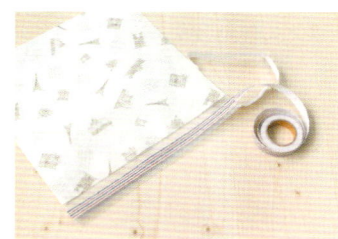

4 : 지퍼백 입구에 패브릭 데코테이프를 붙여요.

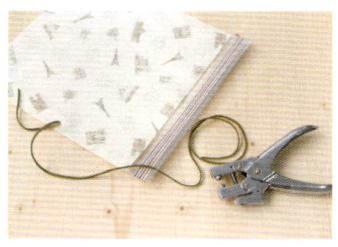

5 : 지퍼백 위쪽에 아일렛펀치로 구멍을 뚫고 스웨이드끈을 끼워요.

6 : 스웨이드끈에 태그(p.265 참고)를 끼우고 나비리본장식을 만들어주세요.

고마운 분들에게 와인을 선물할 일이 종종 생기죠.
그럴 때 어디서도 찾아볼 수 없는 핸드메이드 쇼핑백에 와인을 담아 선물해보세요.
고급스러운데다 튼튼하기까지 하답니다.

03 와인 쇼핑백 만들기

//Ready//

- **재료** … 엔젤클로스지, 2.5cm폭 모직원단리본
- **도구** … 칼, 가위, 양면테이프, 아일렛세트

재단크기

- **가로** … 병둘레 +병밑면+3~4cm
- **세로** … 병길이+병밑면의 1/2 정도+6cm

병처럼 원 형태의 선물을 담을 쇼핑백을
만들려면 포장지를 재단할 때,
선물 둘레에 밑면의 크기를
더해주어야 된답니다.

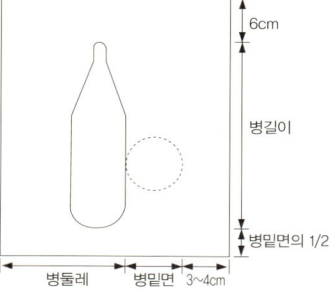

6cm
병길이
병밑면의 1/2

병둘레 | 병밑면 | 3~4cm

1 : 포장지에 병의 둘레, 그리고 병밑면+3~4cm 정도의 여유분을 더한 지점을 체크하고, 체크지점을 기준으로 포장지를 접어 잘라주세요.

2 : 포장지에 병을 놓고 병밑면의 절반 정도, 병길이, 6cm정도의 여유분을 더한 지점을 체크하고, 체크지점을 기준으로 포장지를 접은 후 잘라주세요.

3 : 재단이 완성된 포장지 한쪽 끝을 1cm 정도 접고 양면테이프를 길게 붙여요.

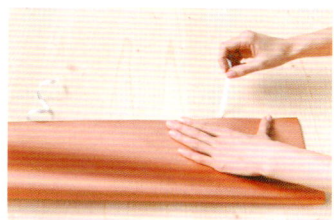

4 : 반대편 포장지를 3의 양면테이프에 붙여 고정하고 포장지를 반으로 접어요.

5 : 병 바닥보다 1cm 정도 크게 접어 올려요.

6 : 5를 벌려서 양쪽이 삼각형 모양이 되도록 접어주세요.

167

7 : 아래쪽을 중심보다 1cm 정도 높게 접어 올리고 위쪽을 접어 내린 후, 양면테이프를 붙여 고정해주세요.

8 : 쇼핑백 입구를 3cm 정도 접어 주세요.

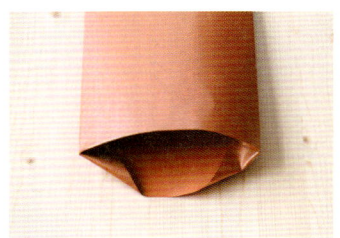

9 : 접은 부분을 펼쳐 쇼핑백 안으로 접어 넣어요.

10 : 쇼핑백 입구 양쪽과 모직원단 리본의 양끝에 아일렛펀치로 구멍을 뚫어요.

11 : 쇼핑백과 모직원단리본을 겹쳐놓고 아일렛을 끼워 쇼핑백 끈을 만들어주세요.

와인을 꺼낸 쇼핑백에는 꽃을 꽂아 말려보세요. 손잡이 달린 종이화병 이 된답니다.

04 상자의 재활용, 벽걸이용 선물상자

//Ready//

─ **재료** … 재활용 상자, 심플렉스지,
　　　　크래프트지, 잡지, 스웨이드끈
─ **도구** … 칼, 샤프펜슬, 자, 가위, 양면테이프,
　　　　풀, 아일렛세트

1 : 포장지를 (상자둘레+1~2cm),
(상자길이+밑면높이의 2/3+2cm
정도)의 크기로 잘라주세요. 밑면
높이의 2/3지점을 체크해 샤프펜슬
로 기준선을 그어주세요. 상자의 윗
부분은 잘라주었어요.

2 : 포장지 끝이 상자높이 모서리선
에 오도록 하고, 포장지로 상자를 감
싼 후 높이 모서리선을 손다림질해
주세요.

3 : 기준선에 맞게 상자를 놓고 상
자에 풀을 발라 2cm 시접 부분부터
붙여주세요.

4 : 상자에 풀을 바르고 기준선을
따라 한 방향으로 돌려가며 포장지
를 붙여요.

5 : 밑면은 캐러멜포장하듯이 윗면
을 접어 내려 붙여주세요.

6 : 양옆과 아래를 접어 상자에 붙
여주세요.

7 : 입구의 포장지 여유분은 네 귀퉁이에 가윗집을 내주세요.

8 : 안쪽으로 집어넣어 상자에 붙여주세요.

9 : 아일렛펀치로 상자 입구에 구멍을 뚫고 아일렛을 끼워주세요.

10 : 크래프트지로 작은 봉투를 만들어주세요.

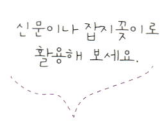

신문이나 잡지꽂이로 활용해 보세요.

11 : 봉투에 잡지를 찢어 붙여주세요.

12 : 상자 앞부분에 11을 붙이고, 잡지를 돌돌 말아 장식 삼아 꽂아주면 완성이에요.

쇼핑백 같기도 하고, 봉투 같기도 한 모양의 상자를
재활용하여 옷을 입혀보았어요. 다 만들어진 상자에 끈을 달아 벽에 걸어두면
작은 수납상자로도 쓸 수 있어 일석이조랍니다.

작은 액세서리를 살 때 자주 볼 수 있었던 베개 모양의 필로우박스.
이젠 전개도를 활용해서 직접 만들어보세요.
양말이나 속옷처럼 작은 선물을 포장하기에 참 좋아요.

05 내추럴 필로우박스

상자 템플릿은
p.275에 있어요.

상자 템플릿은 p.275에 있어요.

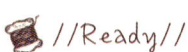

//Ready//

┌ **재료** ··· 캐빈보드지, 1cm폭 리넨리본,
│ 리넨 조각, 레이스
└ **도구** ··· 칼, 자, 가위, 양면테이프

타원부분 양끝을 아일렛펀치로 구
멍 뚫은 후 리본을 끼워 화장대 옆
에 걸어두세요. 머리빗, 화장
전용 솔 등을 수납해둘
수 있어요.

1 : 필로우박스 전개도를 오리고 뒷
면 가장자리에 양면테이프를 조금
붙여 상자를 만들 종이 뒷면에 고정
해주세요.

2 : 전개도 안쪽 점선(접히는 선)부
터 칼등이나 컴퍼스로 접히기 쉽도
록 두어 번 그어주세요.

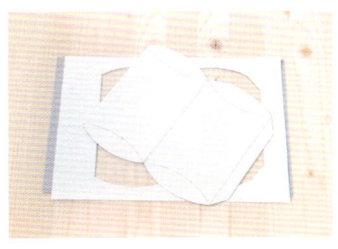

3 : 전개도의 실선을 자와 칼을 이
용해 오려내세요.

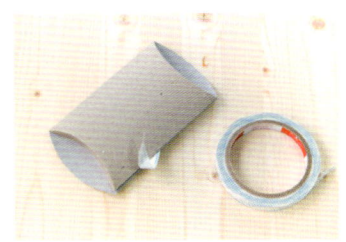

4 : 전개도 모양대로 상자를 접고 양
면테이프나 글루건을 활용해 시접을
붙여주세요.

5 : 타원부분을 겹쳐 접어 상자의
모양을 잡아요.

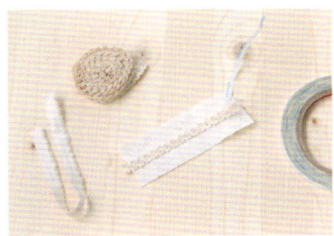

6 : 자른 리넨 조각 위에 양면테이프
로 레이스를 붙여요.

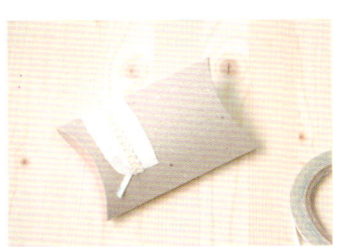

7 : 레이스 붙인 리넨 조각을 상자
위에 붙여 장식해주었어요.

8 : 선물을 담고 1cm폭 리넨리본으
로 사선매기한 후 나비리본을 만들
어주세요.

선물받을 사람의 이니셜이나, 특별한 메시지를 라벨에 담아보세요.
책 뒤에 삽입된 라벨을 이용하면 손쉽게 꾸밀 수 있어요.
여러 개 만들어 소품으로 활용해도 좋겠죠.

06 알파벳 이니셜 라벨 포장

//Ready//

― **재료** ··· 스트라이프 아트지, 2cm폭 공단리본,
　라벨 템플릿
― **도구** ··· 칼, 가위, 양면테이프

재단방법은 p.53 참고
― **가로** ··· 상자둘레+2~3cm
― **세로** ··· 상자길이+[(상자높이+1cm)×2]

알파벳으로 원하는 단어를 조합해 거실에 놓아보세요. 의미 있는 장식품이 된답니다.

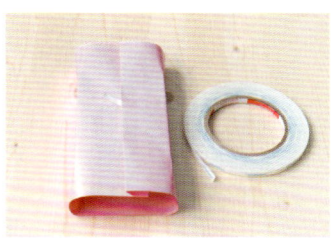

1 : 포장지를 1cm 접은 후 양면테이프를 붙이고, 상자에 두른 후 양면테이프를 떼어 고정해주세요.

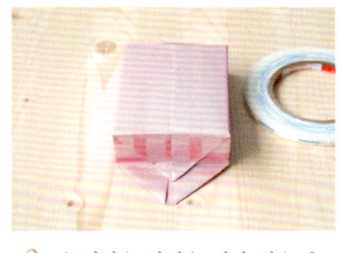

2 : 높이면은 양옆을 접어 넣은 후 위쪽을 접어 내리고 아래쪽을 접어 올려주세요.

3 : 남는 시접을 바깥으로 꺾어 접으세요.

4 : 시접을 다시 안쪽으로 접어 넣고 양면테이프로 고정해주세요.

5 : 선물에 리본을 둘러 양면테이프로 붙여주세요.

라벨 템플릿은 p.273에 있어요.

6 : 라벨 템플릿을 오려 받는 사람의 이니셜을 새기고, 리본 위에 양면테이프로 고정해주세요.

175

자연스러운 느낌 가득한 리넨은 포장에 여러모로 활용하기 좋은 재료이지요.
리넨 조각과 패브릭스티커를 활용한 내추럴 포장으로 작은 선물을 정성스럽게 꾸며보세요.
멋 내지 않은 듯 소박한 느낌으로 연출할 수 있어요.

07 리넨 조각 장식 포장

//Ready//

재료 ⋯ 레자크지, 리넨 조각, 패브릭스티커, 햄프 마끈

도구 ⋯ 칼, 가위, 양면테이프, 다리미

 재단방법은 p.47 참고

리넨 천조각은 잼 병뚜껑을 덮으면 간단한 잼 포장이 완성돼요.

1 : 포장지를 마름모꼴로 펼치고 중심에 선물상자를 놓은 후 양옆을 접어 올려요.

2 : 높이면 포장지 양쪽을 접어 넣어주세요.

3 : 아래쪽 포장지를 양쪽 높이면 모서리에 맞게 접어 넣은 후 상자를 덮어주세요.

4 : 반대편도 같은 방법으로 포장하고 안쪽에 양면테이프를 조금 붙여 고정해주세요.

5 : 상자를 덮을만한 크기의 리넨 조각에 패브릭스티커를 얹고 헝겊을 덮은 후, 다리미로 20~30초 정도 열을 가해주세요. 열기를 식힌 후 스티커를 떼어내주세요.

6 : 패브릭스티커 이미지를 새긴 리넨 조각을 상자에 덮고 십자매기해주세요.

7 : 십자매기 마무리할 때는 맨 처음 끈을 대각선 방향으로 빼지 말고 상자를 돌아온 끈과 크로스해서 한 번 더 십자매기해 주세요.

8 : 중심에서 나비리본을 만들어주세요.

보자기에 맛있는 도시락을 싸서 떠나는 피크닉~
상상만 해도 행복하지 않나요?
패턴이 예쁜 원단을 이용해 도시락을 포장해보았어요.
특별한 날, 특별한 도시락 선물로 기분까지 업!

08 도시락 패브릭 포장

 //Ready//

☐ **재료** … 체크 면 원단
☐ **도구** … 가위

 **재단크기**

가로/세로 … 도시락긴둘레+긴길이

 다림질만 하면 언제든 다시 사용할
수 있는 패브릭~ 도시락 손수건처
럼 쓰고 쓰고 또 쓸 수 있답니다.

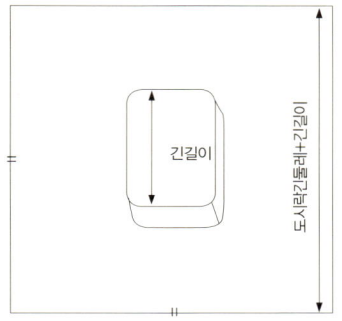

1 : 원단 위에 도시락을 놓고, 양쪽
모두 도시락의 긴길이를 완전히 덮
을 정도의 크기로 잘라주세요. 자른
원단을 대각선 방향으로 접어 정사
각형으로 잘라요.

2 : 마름모꼴로 펼친 원단 중심에 도시락을 놓고 위아래 천으로 덮은 후,
위쪽을 도시락에 맞게 안으로 접어 넣어주세요.

3 : 중심을 잡고 옆쪽을 들어올려
주세요.

4 : 반대편도 같은 방법으로 들어올
려주세요.

5 : 중심에서 한 번 묶어주세요.

6 : 한 번 더 묶은 후 매듭과 양쪽 귀
를 정리해주면 완성이에요.

버리기 쉬운 상자도 예쁜 종이로 옷을 입히면 멋진 선물상자가 될 수 있어요.
선물을 담아도 좋고 튼튼하고 예쁜 수납상자로 쓸 수도 있답니다.

09 상자를 리폼해 만든 선물상자

//Ready//

- **재료** ··· 상자, 스트라이프 패턴지, 스타드림지, 1cm폭 공단리본
- **도구** ··· 칼, 가위, 풀, 양면테이프

케이스 없는 작은 스탬프들을 담아 두었다가 꺼내 쓰면 작은 스탬프 보관함이 돼요.

종이보다 상자에 풀을 바르면 보다 깔끔하게 리폼할 수 있답니다.

1 : 리폼할 상자 양쪽으로 종이를 감싸고 상자 모서리선을 따라 손다림질해서 종이에 자국을 내주세요. 상자 모양 전체를 손다림질하세요.

2 : 1에서 자국 낸 상자의 모서리선에 맞게 종이를 접은 후 상자를 감쌌을 때 상자 안쪽으로 들어가는 시접을 2cm 정도 남기고 잘라주세요.

3 : 접은 종이는 상자전개도처럼 시접모양을 어슷하게 만들어 잘라요.

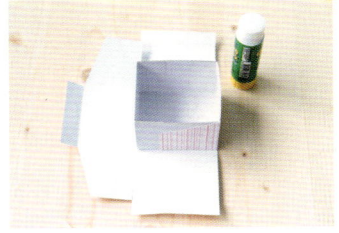

4 : 상자에 풀을 발라 상자 바닥 부분에 종이를 붙이고, 시접이 연결된 부분부터 종이를 붙여주세요.

5 : 남은 종이도 시접 위를 덮어 상자 안쪽까지 꼼꼼하게 붙여주세요.

6 : 뚜껑도 같은 방법으로 리폼하세요.

7 : 뚜껑 중심을 리본 두께보다 약간 길게 칼로 그어 반으로 접은 리본을 끼워요.

8 : 뚜껑 안쪽에서 리본 끝을 묶어주세요.

우유팩으로 이런 깜찍한 상자를 만들 수 있다는 사실, 아셨나요?
우유팩에 빈티지 프린트의 크래프트지를 입히고,
리본을 손잡이로 활용해서 만든 미니 바구니예요.

10 우유팩으로 만드는 미니 바구니

 //Ready//

┌ 재료 … 우유팩, 크래프트지,
│ 　　　　1.5cm폭 스티치 면리본, 단추
└ 도구 … 칼, 샤프펜슬, 자, 가위, 풀, 글루건

스티치 면리본은 재료시장에서는
보통 '청기지리본'이라고 부른답니다.

 미니바구니에 연필을 꽂아 책상 위
에 놓아두면 귀여운 연필꽂이 완성!

1 : 우유팩을 원하는 높이로 잘라
요. 포장지는 우유팩 둘레+1.5 cm
정도, 우유팩 높이+6cm 정도로 잘
라주세요.

2 : 포장지 안쪽에 4cm 기준선을 샤
프펜슬로 살짝 그어주세요.

3 : 포장지 끝이 우유팩 높이 모서
리에 오도록 하고, 포장지로 우유팩
을 감싸가며 높이 모서리선을 손다
림질해 주세요.

4 : 우유팩 밑면을 4cm 기준선에 맞
춰놓고, 우유팩에 풀을 발라 1.5cm
시접부터 먼저 붙여주세요.

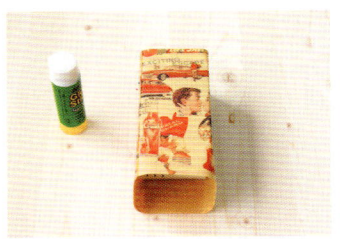

5 : 우유팩을 한 방향으로 돌려가며
순서대로 붙여주세요.

6 : 밑면은 사각상자 캐러멜포장하
듯이 붙여주세요.

7 : 포장지 여유분의 네 귀퉁이에
가위집을 내고 안쪽으로 넣어 붙
여요.

8 : 스티치 면리본으로 손잡이를 만
들어 글루건으로 고정하고, 단추를
장식 삼아 붙여주면 완성이에요.

커피를 마실 때마다 버리지 않고
모아둔 컵과 종이 트레이를 포장에 활용해보았어요.
레터링지와 다양한 스티커로 장식해
아기자기한 멋을 더했답니다.

11 테이크아웃컵 & 트레이 포장

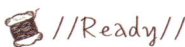 //Ready//

┌ **재료** … 테이크아웃컵, 트레이, 스티커,
│　　　레터링지
└ **도구** … 스탬프와 잉크패드, 마커펜,
　　　　스타일러스나 샤프펜슬

 테이크아웃컵 트레이에 병을 담아 선물해보세요. 무겁고 깨지기 쉬운 병류도 안전하고 손쉽게 선물할 수 있어요.

레터링지로 글자를 새길 때는
스타일러스를 활용해보세요. 없을 경우엔
샤프펜슬 등을 사용해도 좋아요

1 : 테이크아웃컵과 뚜껑에 스티커를 붙여요.

2 : 레터링지를 컵 위에 놓고 스타일러스로 문질러서 For you 글자를 새겨 보았어요.

마커펜이 없을 땐
색연필을 활용하세요.

5 : 트레이에 커피잔 스탬프를 찍고 마커펜으로 색을 칠해주세요.

4 : 트레이에도 스티커를 붙이고 선물을 담은 후 뚜껑을 덮어주면 완성이에요.

옥수수캔을 재활용한 포장이에요.
쿠키나 사탕을 담은 후 유산지로 윗면을 덮어 마끈으로 마무리! 참 쉬우면서도 재치 있는 포장법이죠?

12 깡통으로 하는 선물포장

//Ready//

— **재료** … 옥수수캔, 유산지나 왁스페이퍼,
　햄프 마끈, 태그
— **도구** … 칼, 자, 가위

깡통은 화분으로 재활용
할 수 있어요.

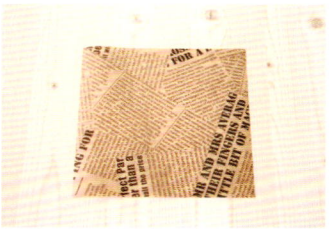

1 : 종이를 19cm의 정사각형으로
잘라 준비해주세요.

2 : 깨끗이 씻은 깡통에 선물을 담
고, 마름모꼴로 펼친 유산지로 깡통
을 덮어주세요.

3 : 왁스페이퍼를 오므려 주름을 잡
아주세요.

4 : 마끈에 태그(p.265 참고)를 끼운
후 태그의 위치를 잡아주세요.

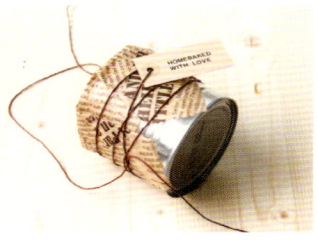

5 : 마끈으로 깡통 몸통을 여러 번
감은 후, 마끈을 묶어주세요.

깡통에 쿠키를 담을 때는
그냥 담아도 되지만,
비닐봉투로 포장한 후 담으면
쿠키의 맛을 더 오래
보존할 수 있답니다.

포장을 풀고 나서도 다림질만 쓱쓱 하면 다시 쓸 수 있는 패브릭 포장이에요.
토끼 귀를 닮아 더욱 사랑스럽답니다.

[13] 토끼를 닮은 패브릭 포장

//Ready//

- **재료** ⋯ 면 원단, 면 라벨, 옷핀이나 양면테이프
- **도구** ⋯ 가위

재단크기

가로/ 세로 ⋯ 상자둘레+윗면길이+4~6cm

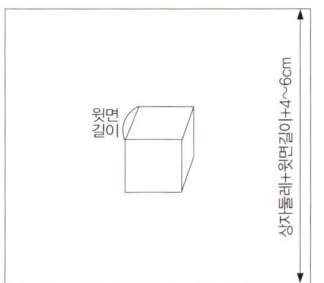

윗면 길이

상자둘레+윗면길이+4~6cm

1 : 원단 위에 선물을 놓은 뒤 위아래 모두 선물 윗면을 덮고, 위아래 각각 2~3cm의 여유분을 더한 정도의 크기로 잘라주세요. 자른 원단을 대각선 방향으로 접어 정사각형으로 잘라요.

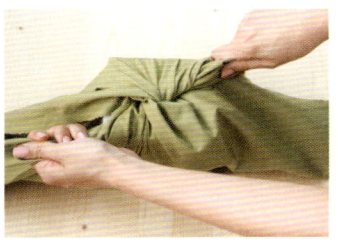

2 : 마름모꼴로 펼친 원단 중심에 선물을 놓고 위아래를 잡아 올려 묶어주세요.

3 : 묶은 귀가 위로 오도록 잡고 옆부분을 들어올려 잡은 귀를 덮어주세요.

4 : 잡은 귀를 마저 감싸 뒤로 빼주세요.

5 : 나머지 옆부분도 들어올린 후 반대편과 엇갈리도록 잡은 귀를 반만 감싸주세요.

6 : 4, 5에서 뒤로 뺀 원단 끝을 두 번 묶어주세요

7 : 옷핀으로 면 라벨을 고정해주면 완성이에요.

중국의 전통의상인 치파오를 닮은 포장이에요.
표구지와 매듭단추만 있으면 이렇게 근사한 포장이 완성된답니다.
포장 속에 한 벌의 치파오 선물이 들어있다면, 정말 재미있겠죠?

14 치파오처럼

//Ready//

☐ **재료** … 표구지, 매듭단추
☐ **도구** … 칼, 양면테이프, 글루건

 선물을 꺼내고 단추를 여미면 언제
든지 다시 쓸 수 있는 포장이 돼요.
물론 치파오 장식 소품으로 활용할
수도 있겠죠.

1 : 표구지 긴길이의 중심에 선물상
자를 놓고 표구지 양끝으로 상자 윗
면을 덮어주세요.

2 : 양옆 높이면을 접어 넣으세요.

3 : 아래쪽 표구지는 양쪽 모두 높이
면 모서리에 맞게 접어 넣어주세요.

표구지 안쪽 끝이 바깥으로
빠져 나오지 않도록 맞춰
접어주면 손쉽게
포장할 수 있어요.

4 : 선물 윗면을 덮어주세요.

5 : 반대편도 같은 방법으로 선물 윗
면을 덮어 주세요.

6 : 윗부분을 사선으로 접어 넣어요.

7 : 옆부분은 일직선으로 접어 넣어요.

8 : 매듭단추를 글루건으로 붙여 고정해주세요.

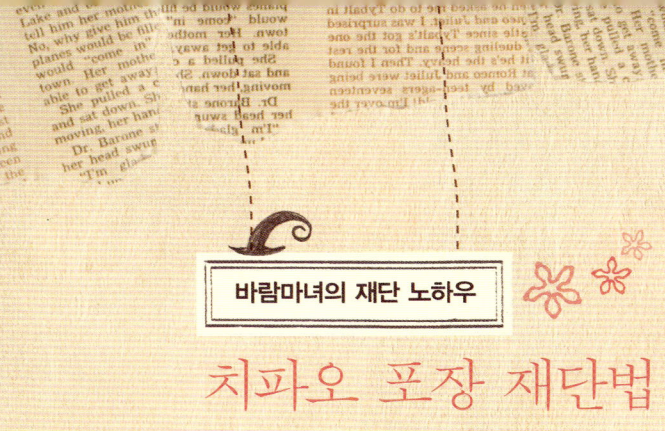

치파오 포장 재단법

재단할 때 포장지를 손다림질하고, 손다림질한 선에 맞춰 포장하면 훨씬 손쉽게 포장할 수 있답니다.

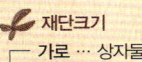

재단크기
- 가로 … 상자둘레+윗면폭
- 세로 … 상자길이+[(상자높이+2~3cm)x2]

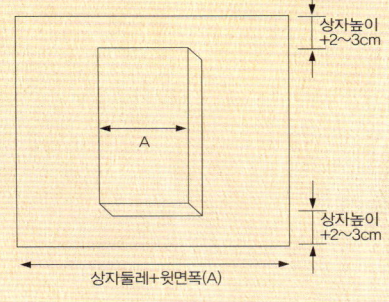

상자높이 +2~3cm

상자높이 +2~3cm

A

상자둘레+윗면폭(A)

1 상자 긴길이, 양쪽 높이, 윗면 양끝을 2~3cm 정도 덮는 지점을 체크해주세요.

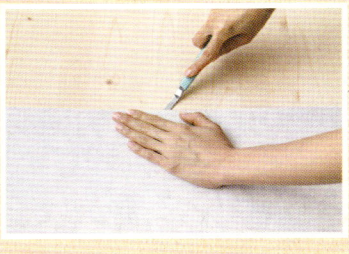

2 체크지점을 기준으로 포장지를 접어 잘라주세요.

3 상자를 한 둘레 두르고 윗면을 덮는 지점을 체크하세요.

4 체크지점을 기준으로 포장지를 접어 잘라주세요.

라벨 장식 하나로 무늬 없는 상자가 화사해질 수 있답니다.
색색의 라벨을 활용하여 나만의 상자를 디자인해보세요. 책 뒤에 있는 라벨을 잘라서
바로 써도 되고 예쁜 무늬를 인쇄해서 써도 돼요.

15 라벨로 디자인하는 선물상자

//Ready//

- **재료** … 머메이드지, 라벨 템플릿, 햄프 마끈
- **도구** … 칼, 자, 가위, 양면테이프, 풀

템플릿은
책 뒤 부록에
있어요.

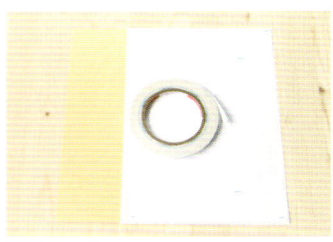

1 : 전개도를 오리고 뒷면 가장자리에 양면테이프를 조금 붙여 상자 만들 종이 뒷면에 고정해주세요.

2 : 전개도 안쪽 접선(접히는 선)은 칼등이나 컴퍼스로 접히기 쉽도록 두어 번 그어주세요. 전개도의 실선은 자를 대고 칼로 그어 오려내세요.

3 : 전개도 모양대로 상자를 접고 시접 부분에 양면테이프를 붙여주세요.

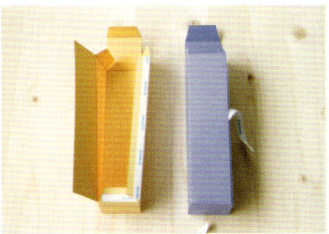

4 : 시접을 붙여 상자모양을 만듭니다. 양면테이프 대신 글루건을 사용해서 붙여도 돼요.

5 : 라벨을 잘라 상자 윗면에 붙여주세요. 상자 윗면을 다 덮을 정도로 자르거나 여러 조각으로 잘라 원하는 모양을 연출해보세요.

6 : 마끈으로 상자를 십자매기한 후 나비리본장식을 만들어주세요.

사각사각 선물봉투에는 어떤 선물을 담으면 좋을까요?
빵이나 쿠키 같은 먹을거리도 좋고 자그마한 인형이 들어있어도 예쁠 것 같네요.
내추럴한 크래프트지를 사용해서 만들어 봤어요.

16 천 태그 선물봉투

//Ready//

- **재료** ⋯ 크래프트지, 1cm폭 공단리본,
  리넨 조각, 마끈
- **도구** ⋯ 칼, 가위, 양면테이프, 아일렛펀치,
  스탬프와 잉크패드

🪡 **재단방법은 p.61 참고**
- **가로** ⋯ 선물둘레+3~4cm
- **세로** ⋯ 선물길이+선물 밑면의 1/2 정도
  +여유분

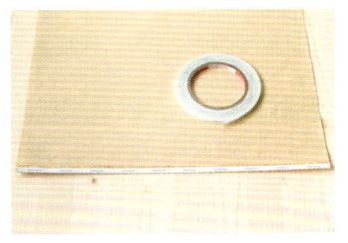

1 : 포장지 한쪽 끝을 1cm 정도 접고 양면테이프를 붙여주세요.

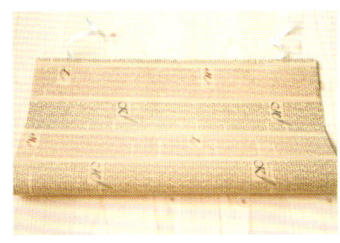

2 : 반대편 포장지에 양면테이프를 붙여 고정하고 포장지를 반으로 접어요.

3 : 밑면을 접어 올려 벌린 후, 양쪽이 삼각형 모양이 되도록 접어주고 아래쪽을 중심보다 높게 접어 올리세요.

4 : 양옆을 아래쪽과 맞닿도록 안쪽으로 접어주세요.

5 : 안쪽으로 접었던 양옆을 바깥쪽으로 다시 접어주세요. 그런 다음 위쪽을 아래로 접어 내리고 안에 양면테이프를 붙여 고정해주세요 (p.63 참고).

6 : 봉투 안에 손을 넣어 벌린 다음 선물을 담고, 입구를 접어주세요. 입구 중심에 아일렛펀치로 구멍을 뚫고 안쪽 면 가장자리에도 구멍을 뚫어주세요.

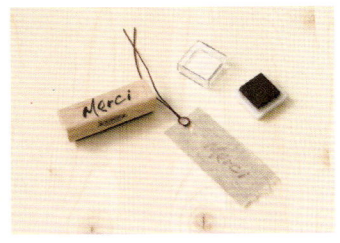

7 : 리넨 조각에 스탬프로 메시지를 찍고 구멍을 뚫은 후 마끈을 끼워요.

8 : 봉투 안쪽 면 가장자리 구멍에 마끈을 끼워 묶어주세요. 가운데 구멍에 리본을 끼우고 리본으로 봉투를 둘러 구멍 위에서 묶어주세요.

— Wrapping Essay —

친구와 치파오

베프에게 받은 특별한 선물

"너 지금 숨 쉬고 있는 거 맞지?"

"그래, 작게 쉬고 있당."

작년 가을쯤 내 품에 안긴 치파오를 입어본 날, 친구와 제가 실랑이를 벌이는 광경이에요. 중국이란 나라를 특별히 좋아하는 건 아니지만, 세계의 전통의상 중 가장 입어보고 싶은 옷이 중국의 '치파오'예요. 여성미를 강조해주는 옷 라인하며 별다른 장식 없이도 옷 자체에서 풍기는 분위기가 무척 매력적으로 느껴지거든요.

몇 해 전 보았던 영화 '색, 계'에서 왕치아즈 역할의 탕웨이가 입었던 치파오들을 보고 우와~ 하는 감탄사를 연발했었죠. 한동안 그녀가 입었던 치파오가 눈에 아른거렸어요. 오래 전에는 치파오를 구입하기가 쉽지 않았는데, 지금은 검색해보면 나오려나?

친구와 둘이 검색해보니 예쁜 치파오들은 몇 가지 있었지만 좀 맘에 든다 싶으면 등이 쫘악 파여 있거나 아니면 절대 소화 못할 초미니스커트~ 아쉽지만 지름신을 잠시 접고 다음을 기약할 수밖에. 그때 친구가 물었어요.

"치파오 사서 어디 입고 가려구?"

친구가 선물해준
나의 로망, 치파오

친구가 마련한 생일 축하 이벤트,
대관령 양떼목장 여행 중 한 컷

"그냥 집에서 심심할 때 입으려구~."

"엥~ 불편하잖아~."

"그냥 내 희망사항 중의 하나야."

그 말을 기억하고 있었는지 출장 다녀와 작업
실에 들른 친구가 여행가방에서 주섬주섬 꺼
낸 치파오. 내 품에 턱 안겨주면서 "네가 좋아
할만한 디자인은 아닐 거라 생각하지만, 검정
색에 긴 길이는 이것밖에 없더라. 디자인은 다
거기서 거기야."

소화하기 힘든 검정과 빨강의 조화도 모자라 화려한 금박무늬장식까지 붙이고 있는 치파오!
솔직히 나라면 절대 사지 않았을 디자인이었기에, "사지 말지!"라는 말이 반사적으로 튀어나
올 뻔 했답니다. 이 치파오 사느라 쓴 친구의 돈이 어쩌나 아깝던지… 후후.

"맘에 안들지?" 되물어오는 친구에게 예쁘다는 얘기는 차마 못하고 "그럭저럭 봐줄만 하네.
담엔 이런 거 사오지 말어." 하고 결국 속말을 해버렸지요.

그 후로도 한동안 속상했어요. 서운했을 친구를 떠올리니 그 짧았던 순간이 자꾸 후회스럽
고…. 같이 한 시간만큼이나 제겐 숨쉬는 공기처럼, 물처럼 소중한 친구인데 말이에요.

얼마 후, 옷장 안에 넣어두었던 그 치파오를 꺼내 입어보았어요. 여전히 눈에 거슬리는 촌스
러움은 있었지만, 거울 앞에 서 있는 저는 그렇게 갖고 싶던 치파오를 입고 있었어요. 친구 덕
에 하고 싶었던 일, 갖고 싶은 위시리스트 하나를 이룬 셈이지요. 그렇게 생각
하니 촌스럽게만 보이던 치파오도 왠지 정겹게 느껴지고-.

그때를 되새기며 만든 진한 담청빛 치파오와 연한 회청록빛 치파오 포장. 매듭
단추를 풀고 여며서 포장도 소품처럼 오래 간직하게 해주고 싶었어요. 우리의
소중한 추억이 담긴 선물이니까요.

Fifth wrapping story is...

선물포장 다섯번째 토크

사랑한다고 고맙다고
숨김없이 애기하기, 그리고…

하얀 레이스 리본을 이용하여 프릴 장식을 만들어봤어요.
순백의 웨딩드레스를 떠올리게 하는 화사한 웨딩포장입니다.

01 리본프릴 웨딩 포장

//Ready//

재료 ··· 화이트스타드림지,
5.5cm폭 레이스리본,
1cm폭 레이스공단리본, 종이

도구 ··· 칼, 가위, 양면테이프,
스탬프와 잉크패드

재단크기

가로 ··· 상자둘레+윗면폭의 2/3 정도
세로 ··· 상자길이+(상자높이의 2/3x2) 정도

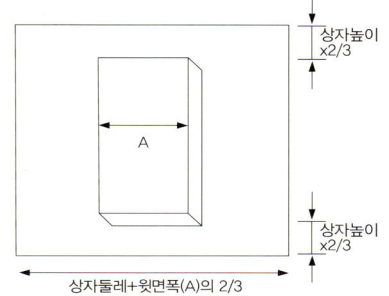

1 : 포장지의 그림과 같이 재단한 후, 포장지 끝을 사선으로 접어주세요.

2 : 프릴의 위치를 고려해 접은 포장지 끝이 윗면의 중심이나 적절한 위치에 오도록 상자에 두르고 캐러멜 포장해 주세요.

3 : 양면테이프를 붙이지 않은 채 포장하는데, 한 손으로 상자를 움켜쥔 채 포장지가 풀어지지 않도록 고정하고 상자 모서리를 손다림질해가며 작업하세요.

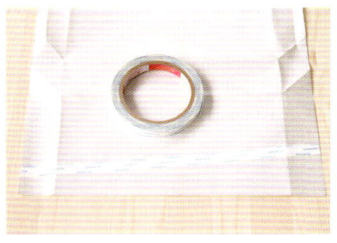

4 : 포장지를 펼치고 마감선 반대편 포장지에 양면테이프를 사선으로 붙여요. 양면테이프는 마감선이 닿는 지점보다 약간 안쪽에 붙여주세요.

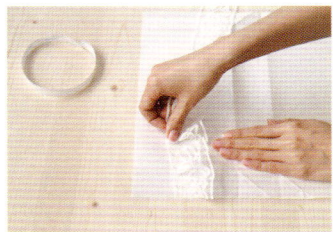

5 : 양면테이프를 떼어내고 레이스리본을 주름 잡아가며 포장지에 붙여요. 프릴을 만든 리본 끝은 포장지 길이에 맞게 잘라요.

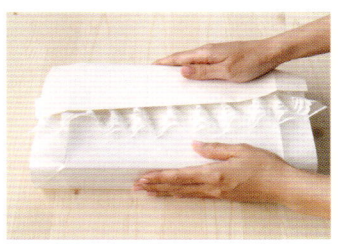

6 : 손다림질해놓은 선에 맞춰 선물을 포장한 후 양쪽 높이면을 양면테이프로 고정해주세요.

7 : 리본을 크로스하고 스탬프로 장식한 종이를 붙여주세요. 꽃을 만들어 붙여도 좋아요(p.264 참고).

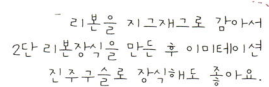

리본을 지그재그로 감아서
2단 리본장식을 만든 후 이미테이션
진주구슬로 장식해도 좋아요.

결혼하는 신랑, 신부에게 행복한 일들만 가득 하라고 꽃을 뿌려주듯이
결혼 축하 선물에도 꽃을 수놓아보았어요. 어렵고 힘든 일이 닥쳐도
슬기롭게 헤쳐나갈 수 있는 두 사람이 되기를 기원하는 마음을 담아서.

02 꽃으로 수놓은 웨딩 포장

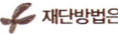 //Ready//

재료 ··· 메탈 엠보스지, 구슬끈, 태그
2.5cm폭 오건디리본
도구 ··· 칼, 가위, 양면테이프, 니퍼

재단방법은 p.37 참고

가로 ··· 상자둘레+2~3cm
세로 ··· 상자길이+(상자높이의 2/3x2)

1 : 포장지를 1cm 접은 후 양면테이
프를 붙이고 상자에 두른 후 양면테
이프를 떼어 고정해주세요.

2 : 높이면은 위쪽을 접어 내리고 양
옆을 접어 넣은 후 아래쪽을 접어 올
려주세요.

3 : 남는 시접을 바깥으로 꺾어 접
고 다시 안으로 접어 넣어 양면테이
프로 고정해주세요. 반대편 높이면
도 같은 방법으로 포장해주세요.

4 : 오건디리본으로 십자매기를 해
주세요.

5 : 포루프나비리본장식을 만들어주
세요.

6 : 구슬끈을 리본장식 아래 넣어
태그(p.264 참고)를 끼운 뒤 보우의
중심에서 한번 묶어주세요.

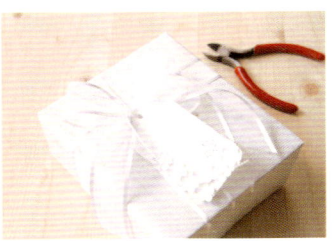

7 : 구슬끈으로 나비리본장식을 만
든 후 리본장식과 같은 다리길이만
큼 남겨두고 니퍼로 잘라주세요.

카네이션 코사지를 부모님의 가슴에 달아드리는 어버이날.
감사의 마음을 되새기며 선물에도 카네이션 한송이 살포시 얹어 드리고 싶어집니다.

03 카네이션 장식한 어버이날 포장

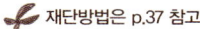

//Ready//

재료 ⋯ 모시지, 2.5cm폭 공단리본,
도일리페이퍼, 카네이션 조화
도구 ⋯ 칼, 가위, 양면테이프

재단방법은 p.37 참고

가로 ⋯ 상자둘레+2~3cm
세로 ⋯ 상자길이+(상자높이의 2/3x2)

1 : 포장지를 1cm 접은 후 양면테이
프를 붙이고, 상자에 두른 후 양면테
이프를 떼어 고정해주세요.

2 : 높이면은 위쪽을 접어 내린 후
양옆을 접어 넣고 아래쪽을 접어 올
려주세요.

3 : 남는 시접을 바깥쪽으로 꺾어접
고 다시 안으로 접어 넣어 양면테이
프로 고정해주세요. 반대편 높이면
도 같은 방법으로 포장해주세요.

4 : 공단리본으로 중심이 상자 가장
자리에 오도록 십자매기해 주세요.

5 : 도일리페이퍼를 적당한 위치에 양
면테이프로 붙이고 카네이션 조화를
얹어주세요.

6 : 리본으로 꽃 줄기 위에 나비리본
장식을 만들어주세요.

7 : 나비리본 밑으로 리본을 끼워 묶
고 대각선 방향으로 나비리본을 하
나 더 만들어주세요.

나비리본장식을 만든 후,
아래 리본을 끼워 묶고 대각선 방향으로
나비리본장식을 하나 더 만들면
포루프나비리본이 된답니다.

티셔츠에 멜빵을 두른 어린이를
연상시키는 귀여운 포장입니다.
주머니 위에 붙인 우드스티커가 깜찍함을 더해주죠.
어린이들이 받으면 정말 좋아한답니다.

04 멜빵 옷모양 포장

//Ready//

─ **재료** ⋯ 골지, 엔티랏샤 종이,
1.5cm폭 골지리본, 단추,
우드스티커
─ **도구** ⋯ 칼, 가위, 양면테이프

1 : 포장지 끝을 1cm 정도 접은 후
상자 긴길이의 2/3 지점에 자리잡아
주세요.

2 : 나머지 포장지로 상자를 두른
후, 1cm 접은 포장지 아래 넣어주
세요.

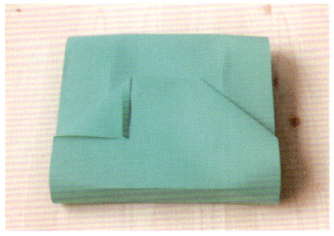

3 : 양옆을 삼각형 모양이 되도록 바
깥으로 접은 후 다시 안으로 접어 넣
어요. 그런 다음 중심을 양면테이프
로 고정해주세요.

4 : 높이면은 캐러멜포장하듯이 양
옆을 접어 넣어주세요.

5 : 상자를 뒤집어 시접 없는 쪽을 접
어 내리고 시접 있는 쪽은 남는 시접
을 안으로 접어 넣은 뒤 양면테이프
를 붙이세요(p.35 참고).

6 : 양면테이프를 떼어가며 고정해
주세요.

7 : 리본을 상자높이면에서 1의 포
장지 위까지의 길이로 자르고, 리본
양끝에 양면테이프를 붙여 상자에
고정해주세요.

8 : 단추를 리본 위에 양면테이프로
붙여주세요.

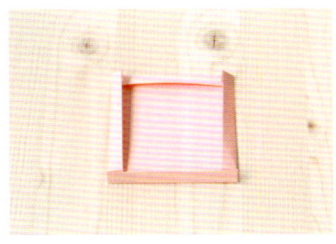

9 : 엔티랏샤 종이를 원하는 주머니 크기보다 사방으로 1cm 정도씩 크게 잘라 준 후 1cm씩 안쪽으로 접어주세요.

10 : 세 군데 시접에 양면테이프를 붙여요.

11 : 10을 상자에 붙여 주머니를 만들어주세요.

12 : 주머니 위에 우드스티커를 붙여 장식하면 완성이에요.

멜빵 옷모양 포장 재단법

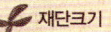 **재단크기**

- **가로** ··· 상자 짧은길이+[(높이+1cm)x2]
- **세로** ··· 상자 긴둘레+
  긴길이의 1/3정도 여유분

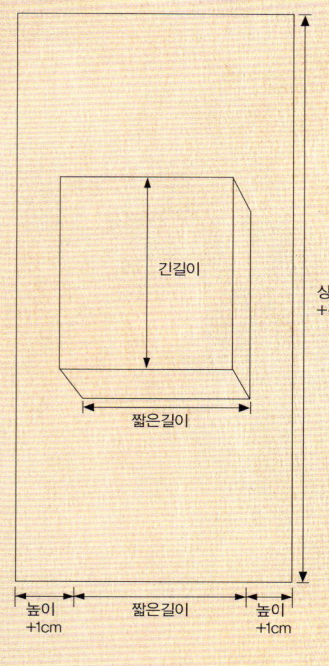

긴길이

상자 긴둘레
+긴길이의 1/3 정도

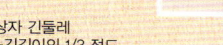

짧은길이

높이
+1cm

짧은길이

높이
+1cm

1 상자 긴길이의 한 둘레를 포
장지로 두르고 상자 긴길이의
1/3 정도까지 덮는 지점을 체
크해 잘라주세요. 상자가 클
경우에는 포장지 한 장을 다
쓰기도 해요.

2 자른 포장지 위에 상자를 놓
고, 상자의 짧은길이와 높이
양옆에 1cm 정도의 여유분을
둔 지점을 체크해주세요. 체크
지점을 기준으로 포장지를 접
어 잘라주세요.

동갑내기 이웃 행복천사님의 아들, 태영이는 저를 '만들기 이모'라고 불러요.
고사리 손으로 캔 고구마며 화이트데이 사탕도 보내준 곰살맞고 귀여운 꼬맹이지요.
내년에 입학하는 태영이를 위한 선물을 준비했어요. 밝고 건강하게 무럭무럭 자라길 기원하는 마음으로.

05 펠트지로 꾸민 어린이날 선물

//Ready//

- **재료** … 엠보싱지, 스웨이드끈, 펠트지, 별 모양 템플릿
- **도구** … 칼, 가위, 양면테이프, 수성접착제, 샤프펜슬, 아일렛펀치

✄ **재단방법은 p.37 참고**

- **가로** … 상자둘레+2~3cm
- **세로** … 상자길이+(상자높이의 2/3x2)

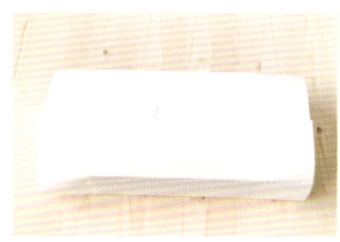

1 : 포장지를 1cm 접은 후 양면테이프를 붙이고, 상자에 두른 후 양면테이프를 떼어 고정해주세요.

2 : 높이면 위쪽을 접어 내리고 양옆을 접어 넣은 후 아래쪽을 접어 올려주세요.

3 : 남는 시접을 바깥으로 꺾어 접고 다시 안으로 접어 넣어 양면테이프로 고정해주세요. 반대편 높이면도 같은 방법으로 포장해주세요 (p.35 참고).

4 : 별 모양 템플릿을 색색의 펠트지에 대고 샤프펜슬로 별을 그린 후 오려주세요.

선물을 받는 아이의 이름을
적어 데코테이프로
붙여주어도 좋아요.

5 : 물방울 모양을 오려 수성접착제로 별에 붙여주었어요. 그런 다음 별에 아일렛펀치로 구멍을 뚫어주세요.

6 : 스웨이드끈에 별을 끼우고 선물에 두른 후 높이면 가장자리에 나비리본을 만들어주세요.

노오란 봉투에 달린
열매장식이 참 화사하죠?
현금이나 상품권 등을 선물할 때
활용하기 좋은 봉투예요.
멀리 해외에 사는 언니가
부모님 용돈을 보내왔을 때
늦은 밤 뚝딱뚝딱 만들었는데
부모님이 참 좋아하셨던
기억이 나네요.

06 열매장식 생일축하 현금·상품권 봉투

//Ready//

├ 재료 ··· 대나무지, 레자크지,
│   1cm폭 폴리리본,
│   열매 조화, 나무집게,
│   크래프트 보드지, 한지
└ 도구 ··· 칼, 가위, 양면테이프,
           글루건, 스탬프와 잉크패드,
           공예용 니퍼

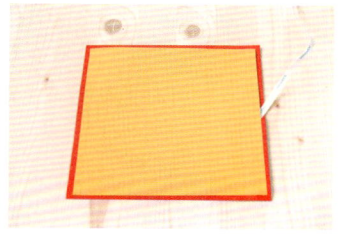

1 : 노랑색 대나무지는 18cm, 빨강 레자크지는 19cm의 정사각형으로 잘라 준비하세요. 대나무지 뒷면에 양면테이프를 붙이고, 레자크지 중심 위에 놓은 후 두 장을 겹쳐서 붙여요.

2 : 중심에 한지로 싼 현금을 놓고 양옆을 안쪽으로 접어요.

3 : 아래쪽을 위로 접어 올려주세요.

4 : 위쪽을 접어 내려주세요. 남는 부분은 뒤쪽으로 넘겨 접으세요.

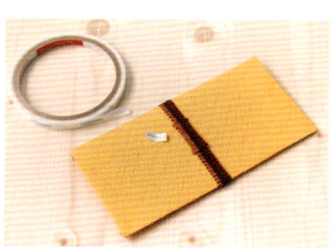

5 : 폴리리본으로 현금봉투를 두른 후 양면테이프로 고정해주세요.

6 : 열매 조화와 잎을 니퍼로 자르고 글루건으로 나무집게에 붙여주세요.

7 : 크래프트 보드지에 Happy Birthday 문구를 스탬핑해주세요.

8 : 나무집게로 스탬핑한 메시지를 리본 위에 끼워주세요.

 스탬프가 없다면 컴퓨터로 메시지를 출력하거나 손글씨로 예쁘게 적어보세요.

케이크의 모양과 색이 훤히 보이는
투명한 케이크박스 포장을 소개해요.
위에는 하얀 도일리만으로 멋을 냈고요,
'빵' 터지는 폭죽 대신 마음을 전하는 메시지를
폭죽 속에 숨겨두었어요.

07 메시지 폭죽 단 투명케이크박스

//Ready//

재료 ··· 투명케이크박스, 포장지, 스트링,
1.5cm폭 면체크리본,
하트 도일리페이퍼, 두꺼운 도화지,
폭죽 템플릿, 메시지 적을 A4컬러용지

도구 ··· 가위, 풀, 양면테이프

템플릿은
p.267에 있어요.

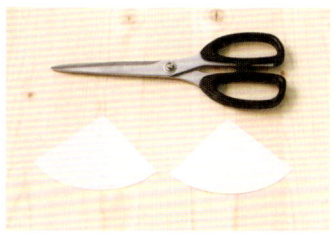

1 : 폭죽 템플릿을 오린 후 두꺼운 도화지에 하나를 더 그려 오려주세요.

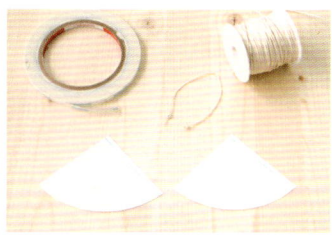

2 : 폭죽 템플릿의 한쪽 끝에 양면테이프를 붙이고, 끈은 양끝을 묶어주세요.

3 : 끈을 두 개의 폭죽 끝에 끼운 다음 돌돌 말아 양면테이프로 붙여주세요.

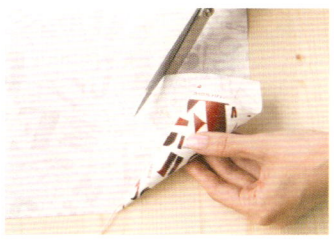

4 : 폭죽에 풀을 바르고 포장지 한쪽 끝에 놓고 돌돌 말아가며 붙여주세요. 폭죽의 몸통을 감싸는 포장지 양끝이 1cm 정도 겹치도록 붙여요.

5 : 폭죽의 아래쪽 포장지는 밑면의 절반을 덮을 정도로 다듬어 잘라요.

6 : A4 컬러용지에 메시지를 적고 돌돌 만 후, 고깔 속에 넣고 종이가 빠지지 않도록 주름을 잡아주세요.

7 : 투명케이크박스 위에 하트 도일리페이퍼를 양면테이프로 붙이고 면체크리본을 손잡이에 묶어주세요.

8 : 리본 위에 폭죽을 끼운 끈을 놓고 외리본을 만들어주세요. 출력한 Happy Birthday 메시지를 오려 폭죽 앞에 붙이면 완성이에요.

행운을 상징하는 네잎클로버로 포장을 장식해보세요.
시험을 앞둔 이들에게 합격을 기원하는 의미에서 선물해도 참 좋을 것 같아요.

08 Good Luck! 네잎클로버 포장

//Ready//

- 재료 … 심플렉스지, 츠무키 종이, 하트 템플릿
- 도구 … 펜, 칼, 가위, 양면테이프, 수성접착체, 샤프펜슬 스탬프와 잉크패드

재단방법은 p.37 참고

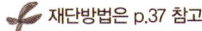

- 가로 … 상자둘레+2~3cm
- 세로 … 상자길이+(상자높이의 2/3x2)

1 : 포장지 끝을 1cm 정도 접은 후 양면테이프를 붙이고 상자에 둘러주세요. 그런 다음 상자 모서리를 손다림질해 포장지에 자국을 내주세요.

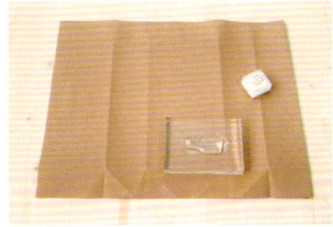

2 : 포장지를 펼치고 원하는 위치에 메시지를 스탬핑해주세요.

이때 양면테이프로 고정하지는 마세요.

3 : 포장지에 자국 낸 선에 맞춰 상자를 다시 두르고 양면테이프로 고정해주세요.

4 : 높이면 위쪽을 접어 내리고 양옆을 접어 넣은 후 아래쪽을 접어 올려주세요(p.35 참고).

5 : 남는 시접을 바깥으로 꺾어 접고 다시 안으로 접어 넣어 양면테이프로 고정해주세요.

6 : 작은 하트템플릿을 오려 츠무키 종이 안쪽에 네 개의 하트를 그리고 오려주세요.

하트 템플릿은 p.267에 있어요. 원하는 위치에 메시지를 스탬핑해도 좋아요.

7 : 오린 하트를 반으로 접고 중심에 수성접착제나 글루건심을 발라 선물 위에 두 개가 대각선 방향으로 마주 보도록 붙여주세요.

8 : 펜으로 클로버 잎 줄기를 그려주세요.

연잎에 싼 영양밥일까? 삼각모양으로 돌돌 만 딤섬일까?
풀고 나면 달콤한 사탕이 담겨 있는 재미있는 포장을 소개해요.

09 연잎 영양밥 속의 사탕

//Ready//

┌ **재료** … 츠무키 종이, 비닐봉투,
│   라피아끈, 나무 원형상자, 마끈,
│   거즈, 낡은 영문책자, 양면테이프
└ **도구** … 칼, 가위, 아일렛펀치

1 : 비닐봉투에 사탕을 담고 대각
선방향으로 접어 삼각형 모양을 만
들어주세요.

2 : 츠무키 종이를 폭은 삼각형의 높
이, 길이는 삼각형 밑변의 4배 정도
로 잘라주세요.

3 : 종이 끝에 사탕을 놓고 비닐봉투 모양에 맞게 접어가며 싸주세요. 종이의 마지막
면 끝에 양면테이프를 조금 붙여 포장한 사탕에 붙여주세요.

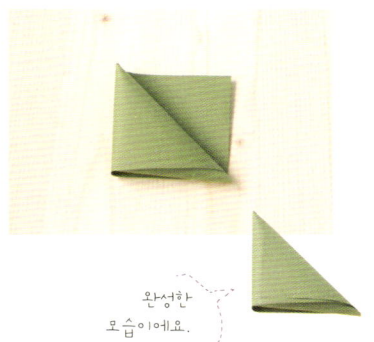

완성한
모습이에요.

4 : 3을 라피아끈으로 묶고, 같은 방
법으로 여러 개 만들어주세요.

5 : 나무 원형상자에 거즈를 깔고 4
를 담아주세요.

6 : 마끈으로 십자매기한 후 구멍
뚫은 낡은 영문책자를 태그로 끼우
고, 끈에 여유분을 두어 끝부분을
묶어주세요.

솔직한 만남이 좋아!

지름마녀님으로부터 온 특별한 선물

가끔씩 안부게시판에서 진솔한 사연들을 만나곤 하지요. 어떤 사람인지 잘 알지도 못하는 내게 살아온 이야기, 살아가는 얘기들을 남긴다는 건 나와 친해지고 싶기 때문일까, 나를 믿기 때문일까, 외롭기 때문일까? 어떤 것일지라도 내게 속내를 보여준다는 건 참 고맙고 소중한 흔적이에요. 그런 사연들을 만날 때면 마음을 다해 화답하려고 하지만, 그 반대의 경우라면 잘 하지 못한답니다. 자주 찾아와 마음 열어 친해지려고 노력했던 사람이라면, 그만큼 자신의 블로그에 찾아와주지 않는 내가 서운하고 야속한 건 당연한 일일 거예요. 그래서 놓친 소중하고 아쉬운 인연들이 참 많아요. 한편으론 제가 소극적인 사람이라 그렇기도 하고, 또 한편으론 많은 이웃들을 찾아 다니며 글을 남기는 일이 블로그와 일을 병행해야 하는 제겐 참 쉽지 않기 때문이지요. 그리고 그런 마음들을 헤아려야 한다는 건 제가 늘 블로그를 하면서 어렵게 생각하는 숙제 중 하나지요.

저와 닉네임 뒤 두 글자가 같은 지름마녀님도 진솔한 이야기로 내게 다가온 이웃이에요. 돌아가신 어머니 이야기, 입양해 온 꼬돌이 고양이군 얘기, 천연비누와 화장품 만들기 일을 하면서 느낀 이런저런 애환들, 남자친구 소개 등등 마녀님이 내게 들려준 이야기가 참 많아요.

그래서일까 만나보진 못했어도 왠지 난 마녀님이 어떤 사람인지 알 것 같아요. 겉으로 보기엔 씩씩해 보여도 여린 구석 많은 여인네, 힘들어도 당차게 열심히 살아가려고 노력하는 예쁜 사람!

뒤돌아보면 지름마녀님이 들려준 이야기만큼 난 많은 화답을 하지 못한 것 같아요. 게다가 마녀님께 선물을 띄우려고 하면 꼭 맘처럼 안 나오고 실수 연발로 이어지곤 하거든요. 그런데도 늘 고맙게, 즐겁게 받아주시는 털털한 지름마녀님. 뭔가 예쁘게, 맛있게, 맘에 들게 만들어 보낸 적도 별로 없는데, 늘 좋은 재료들 가득 담아 만든 예쁜 천연비누와 이걸 어떻게 만들었을까 싶은 향기 좋은 화장품들을 보내오곤 하시죠. 미안하고 고맙게도.

마녀님이 만든 비누나 화장품들을 보고 있노라면 참 솜씨 좋단 생각이 들어요. 손끝이 여문 사람이랄까~ 겨울에 입술 틀 때 바르라며 선물해준 립밤도, 실내에서 오래 작업하면 스트레스 쌓이고 머리도 아플 테니 뿌리라며 보내온 천연 편백 룸스프레이도… 선물 고르는 센스와 남을 배려하는 마음도 예쁜 천상 여자.

또 향기 가득한 선물들에 빠지지 않는 게 하나 더 있어요. 내가 너무 좋아하는 티, 얼 그레이. 카페에서 공구할 때 늘 내 몫까지 함께 구입한다고요. 그러고 보면 얼 그레이를 좋아하는 건 우리 둘의 공통점쯤 되겠네요.

그런 까닭에 작년부터 제가 가장 좋아하는 트와이닝의 레이디 그레이티를 선물하고 싶었어요. 처음 이 티를 만났을 때 단번에 매료되었던 느낌을 마녀님도 느낄 수 있었으면 하는 바람을 가지면서. 워낙 향이 강해 좋아할지 모르겠지만 말이에요. 만약 저처럼 레이디 그레이티를 좋아하게 된다면, 이 티를 마시면 듣고 싶어지는 음악 The Five Satins의 'In The Still Of The Night'도 선물해봐야지.

올해는 꼭 만나자는 약속을 앞두고 있어요. 두근두근 기대되는 우리의 첫 만남~ 처음이라 어색하지 않을까 싶었는데, 막상 만날 시간이 다가오니 오히려 마음이 편안해져요. 몸에 잘 맞는 옷을 입었을 때처럼. 마녀님의 진솔한 다가서기가 없었다면 이런 느낌도, 기대도 없었겠지요. 이번엔 더 많이 다가서고, 화답하는 바람마녀가 되어봐야지. 그간 미안했던 마음 조금 지울 수 있도록.

맛있고 예쁜 초콜릿을 만들 수 없어도,
거기에 어울리는 포장이 아니어도 사랑하는 마음은
표현할 수 있는 법. 문구점에서 구입한 편지봉투를
장식해 판초콜릿을 담아 선물해보세요.

10 편지봉투 판초콜릿 포장

//Ready//

┌ **재료** … 편지봉투, 종이,
│ 　　　　0.5cm폭 골지리본. 컬리본
└ **도구** … 가위, 모양가위,
　　　　스탬프와 잉크패드, 풀

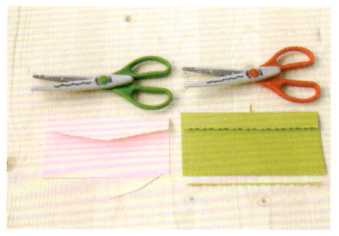

1 : 편지봉투 끝을 모양가위로 잘라 주세요.

2 : 다른 봉투 끝을 약간 자르고, 모양가위로 봉투 뚜껑보다 조금 큰 사이즈로 종이를 잘라주세요.

3 : 자른 종이를 봉투 뚜껑 안쪽에 붙여주세요.

취향에 따라 여러 종류의 종이로 다른 분위기를 내보세요.

4 : 봉투에 스탬프 장식을 해주세요.

5 : 봉투에 선물을 담고 골지리본으로 묶어주세요. 또는 컬리본으로 묶은 후 가위 등으로 컬을 만들어 주세요.

템플릿을 오려서 만든 양쪽에 리본 장식을 한 독특한 모양의 선물상자예요.
화이트 데이에 초콜릿이나 사탕을 넣어 선물하기 딱이지요.

11 템플릿으로 만드는 캔디모양 선물상자

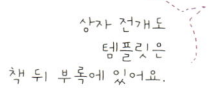 //Ready//

재료 … 디자이너스컬러지, 머메이드지,
패턴지, 1.5cm폭 공단리본,
1.5cm폭 골지리본
도구 … 칼, 가위, 자, 양면테이프

상자 전개도
템플릿은
책 뒤 부록에 있어요.

1 : 전개도를 오리고 뒷면 가장자리에 양면테이프를 조금 붙여 상자 만들 종이 뒷면에 고정해주세요.

2 : 전개도 안쪽 점선(접히는 선)은 칼등이나 컴퍼스로 접히기 쉽도록 두어 번 그어주세요. 전개도의 실선은 자를 대고 안쪽부터 칼로 그어 템플릿과 함께 오려내세요.

3 : 전개도 모양대로 상자를 접어주세요.

4 : 양면테이프나 글루건을 활용해 시접을 붙여 상자를 완성해주세요.

5 : 상자 몸통길이보다 짧게 자른 패턴지를 상자에 두르고 고정해주세요.

6 : 상자 몸통을 세우고 한쪽을 리본으로 묶어 나비리본을 만들어주세요. 선물을 담고 반대편도 리본으로 묶고 나비리본을 만들면 완성이에요.

사랑이란 두 글자를 표현하는 그림 중에
하트보다 더 명료한 게 있을까요?
반쪽의 마음만 살짝 보여주는
수줍은 사랑표현, 반쪽 하트 포장.

12 반쪽 하트장식 선물포장

//Ready//

┌ **재료** … 가죽지, 상질지, 햄프 마끈,
│ 하트모양 템플릿
└ **도구** … 샤프펜슬, 칼, 가위, 양면테이프

✂ **재단크기**

┌ **가로** … 상자둘레+2~3cm
└ **세로** … 상자길이+[(상자높이+1cm)x2]

1 : 포장지를 1cm 접은 후 시접에 양
면테이프를 붙여요. 상자에 두른 후
상자 모서리를 손다림질해 주세요.

2 : 포장지를 풀어서 윗면 중심에 하
트모양 템플릿을 대고 절반만 그려
주세요.

템플릿은 p.267에 있어요.

3 : 절반의 하트모양을 칼로 오려
주세요.

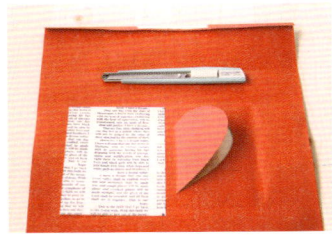

4 : 영문패턴 포장지를 반쪽 하트모
양보다 약간 크게 잘라주세요.

5 : 자른 영문패턴 포장지 가장자리에
양면테이프를 붙이고 포장지 안쪽의
반쪽 하트 위에 얹어서 붙여주세요.

6 : 포장지로 상자를 둘러 양면테이프
로 고정해주세요.

7 : 높이면은 양옆을 접어 넣고 위쪽
을 접어 내린 후 아래쪽을 접어 올려
캐러멜포장해 주세요.

8 : 사선매기한 후 나비리본을 만
들고 반쪽 하트를 바깥으로 젖혀 접
어주세요.

위트 있는 입술모양 템플릿과 두 가지 포장지의 대비가 눈에 띄죠?
받는 사람과 상황에 맞는 메시지를 입술 템플릿에 끼워보세요.
삼각팩의 크기에 따라 모양이 일정하지 않은 다양한 선물을 담을 수 있어요.

13 Kiss me 삼각팩 포장

//Ready//

┌ **재료** … 엠보싱지, 타공지, 빨강색 종이,
│ 입술모양 템플릿, 패턴골지리본,
│ Kiss me 출력글자
└ **도구** … 칼, 자, 가위, 양면테이프,
풀, 아일렛펀치

삼각팩은 포장지 한 장으로 만들어도 된답니다.

1 : 엠보싱지와 타공지를 각각 16× 20cm로 잘라주세요.

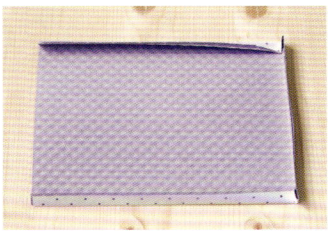

2 : 두 장을 겹쳐놓고 세 변을 각각 1cm씩 접어주세요.

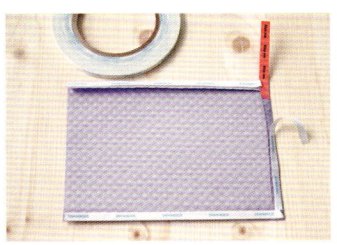

3 : 둘 중 한 장의 세 군데 시접에 양면테이프를 붙여주세요. 컴퓨터로 Kiss me 문구를 2장 출력하고 오려 한쪽 끝에 붙여주세요.

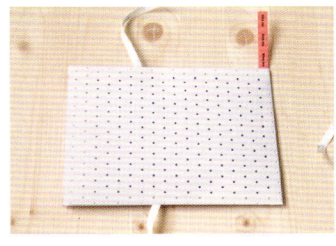

4 : 나머지 한 장과 마주 대고 양 면테이프를 조금씩 떼어가며 붙여 주세요.

5 : 입구를 벌린 후 선물을 넣고 마 주 붙인 시접선끼리 맞닿도록 오므려 주세요.

6 : 입구를 한 번 접어 아일렛펀치로 구멍을 뚫은 후 리본을 꺼워 나비리본 을 만들어주세요.

7 : 입술모양 템플릿을 빨강색 종이에 대고 그린 후 오려주세요.

8 : 삼각팩 앞에 입술모양을 붙 인 다음 3에서 출력해놓은 나머지 Kiss me 메시지를 꺼워 붙이면 완 성이에요.

한지를 이용해 만든 조각보로 선물을 장식해봤어요.
은은한 색감의 한지들이 어우러져 전통미가 살아있는 포장이라
연세 있으신 분께 선물하면 좋을 것 같아요.

14 종이조각보 장식 포장

//Ready//

- **재료** … 한지, 가락지매듭
- **도구** … 칼, 쪽가위, 양면테이프, 글루건

✄ **재단방법은 p.37 참고**

- **가로** … 상자둘레+2~3cm
- **세로** … 상자길이+(상자높이의 2/3x2)

1 : 한지로 선물상자를 캐러멜포장
(p.35 참고)해 주세요.

2 : 원하는 조각보의 크기를 4등분
하고, 2cm를 더해주세요. 같은 크
기로 4가지 색상의 한지를 잘라주
세요.

3 : 4장의 한지를 안쪽이 위로 오도
록 포갠 후, 양옆을 1cm 정도 접어
시접을 만드세요.

4 : 배색할 한지 2장 중 한쪽에만 양
면테이프를 붙이고 시접끼리 맞붙여
주세요. 나머지 2장도 같은 방법으
로 붙여주세요.

5 : 한지를 안쪽이 위로 오도록 놓고
접지 않은 가장자리를 1cm 두께로 접
어주세요. 접은 시접에 양면테이프를
붙여요.

6 : 두 개를 시접끼리 마주대고 중심
부터 바깥쪽으로 양면테이프를 조금
씩 떼어가며 붙여 네 개의 한지가 한
장의 조각보가 되게 합니다.

7 : 완성된 조각보의 테두리 시접에
양면테이프를 붙인 다음 선물 위에 고
정해주세요.

8 : 중심에 쪽가위로 가락지매듭을
잘라 글루건이나 양면테이프로 붙여
주세요.

색 고운 한지가 빼곡히 걸려있는 곳엘 가면 늘 기분이 좋아져요.
고운 색감처럼 꽃 속에 파묻혀있는 기분이랄까. 그 기분 그대로 담아서 만들어본 한지 코사지예요.

15 감사의 마음을 전하는 종이꽃 장식 포장

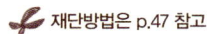

//Ready//

재료 ··· 플라워합지, 한지, 공예 와이어,
2.5cm폭 공단리본, 두꺼운 종이
도구 ··· 칼, 가위, 양면테이프
공예용 니퍼, 롱로우즈

✿ **재단방법은 p.47 참고**

1 : 포장지를 마름모꼴로 펼치고 중심에 상자를 놓은 후, 한쪽 포장지로 상자를 덮어주세요.

2 : 높이면에 맞게 포장지를 접어 넣어주세요.

3 : 아래쪽 포장지를 끌어올려 상자의 높이 모서리에 맞게 접은 후 윗면을 덮어주세요.

4 : 윗면을 덮은 포장지는 상자 모서리에 맞춰 바깥으로 접은 후 다시 안으로 접어 넣어주세요. 시계반대방향으로 돌아가며 2~3과 같은 방법으로 포장해주세요.

5 : 마지막 한쪽을 양옆의 높이면에 맞게 접어 넣은 뒤 상자의 높이 모서리에 맞게 접고 덮어주세요.

6 : 윗면을 덮은 포장지의 양쪽도 4과 같은 방법으로 양옆을 접어 넣어주세요.

7 : 양면테이프를 붙여 고정해주세요.

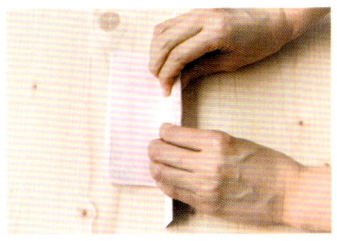  

8 : 한지를 (가로 29cm×세로 상자 윗면 짧은길이)로 6장을 자르고 겹쳐주세요. 두꺼운 종이를 2cm폭으로 잘라 겹친 한지 위에 놓고, 같은 폭으로 지그재그 모양이 되게 접어주세요.

9 : 접은 한지의 중심에 와이어를 묶어 고정한 후 세워서 부채처럼 넓게 펼쳐주세요.

10 : 위부터 한 장석 들어올려 가며 한지 사이사이를 벌려주세요.

11 : 양쪽 모두 같은 방법으로 벌려 꽃봉오리를 만들어주세요.

12 : 선물에 리본을 둘러 양면테이프로 붙여주세요.

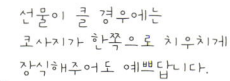

선물이 클 경우에는
코사지가 한쪽으로 치우치게
장식해주어도 예쁘답니다.

13 : 양면테이프로 꽃봉오리를 붙여주세요.

16 카드와 함께 선물하는 현금·상품권 봉투

//Ready//

- **재료** … 모시지, 한지나 포장지 조각
- **도구** … 칼, 가위, 양면테이프, 풀

부모님께 용돈이나 상품권 등을 드릴 때, 단아한 봉투에
선물과 건강장수를 기원하는 메시지 적은 카드도 함께 넣어보세요.
정성 가득한 마음에 기뻐하실 부모님의 얼굴이 그려집니다.

1 : 모시지를 36cm의 정사각형으로
자르고 마름모꼴로 펼친 후, 반으로
접어주세요.

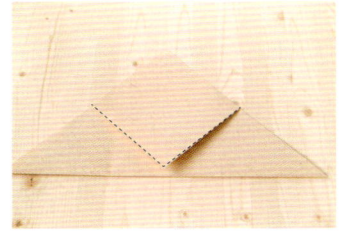

2 : 윗면을 삼각형 모양이 되도록 절
반으로 내려 접은 후, 다시 안으로 접
어 넣어주세요.

3 : 전체를 3등분해서 앞뒤로 접어주
세요.

4 : 그런 다음 뒤로 접었던 1/3부분
을 다시 앞으로 접어주세요.

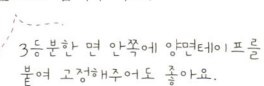

3등분한 면 안쪽에 양면테이프를
붙여 고정해주어도 좋아요.

5 : 3등분한 한쪽을 반으로 접어주
세요.

6 : 벌려서 마름모꼴 모양이 되도록
해주세요.

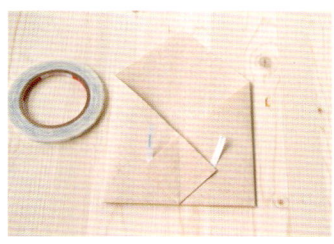

7 : 마름모꼴 모양 양쪽 뒷면에 양면 테이프를 붙여 고정해주세요.

8 : 위쪽을 접어내려 마름모꼴 모양에 끼워주세요.

9 : 여러 색깔의 한지나 종이조각을 잘라 마름모꼴 모양 앞에 붙여주세요.

알록달록한 사탕과 초콜릿을 담기에는 투명한 비닐봉투가 제격이죠.
비닐봉투 밑면에 각을 잡아 테이프로 고정하고 사탕을 넣은 뒤, 리본과 라벨로 장식해 보았어요.

[17] 비닐봉투와 리본, 라벨로 만드는 사탕 포장

 //Ready//

┌ **재료** ··· 비닐봉투,
│   1.5cm폭 스트라이프 폴리리본,
│   라벨 템플릿
└ **도구** ··· 가위, 양면테이프, 테이프

1 : 양옆 모서리가 가운데에서 맞닿
도록 비닐봉투를 벌려 밑면이 두 겹
의 삼각형이 되도록 모양 잡아 접어
주세요.

2 : 위의 삼각형을 접어 올리고 중심
에서 맞닿도록 양끝을 모은 후 테이
프로 고정해주세요.

이때 모양은
육각형이 되겠죠?

3 : 봉투 입구를 벌려 사탕을 담
고 두어 번 접어 테이프로 고정해
주세요.

4 : 리본을 두르고 양면테이프를 붙
여주세요.

5 : 라벨 템플릿을 오리고 원하는 메
시지를 적어 리본 위에 붙여 마무리해
주세요.

상자 윗부분에 하트모양을 낼 수 없을까
고민하다 탄생한 하트 선물상자 템플릿이에요.
색지를 사용하면 특별한 장식 없이도
예쁜 선물상자가 된답니다.

18 사랑을 전하는 하트 선물상자

//Ready//

- **재료** … 머메이드지, 포장지조각, 패턴골지리본, 레이스, 태그
- **도구** … 칼, 가위, 풀

1 : 전개도를 오리고 뒷면 가장자리에 양면테이프를 조금 붙여 상자 만들 종이 뒷면에 고정해주세요.

상자 템플릿은 책 뒤 부록에 있어요.

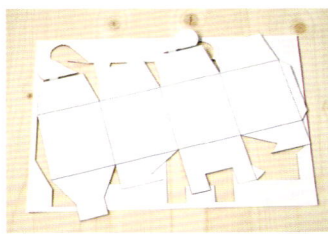

2 : 전개도 안쪽 점선(접히는 선)은 칼등이나 컴퍼스로 접히기 쉽도록 두어 번 그어주세요. 전개도의 실선은 자를 대고 칼로 그어 오려내세요.

3 : 자투리 포장지나 종이에 상자의 하트 반쪽을 대고 하트모양을 그린 후 오려주세요.

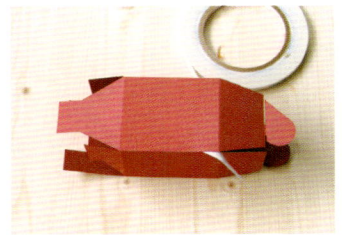

4 : 전개도 모양대로 상자를 접고 양면테이프나 글루건을 활용해 시접을 붙여주세요.

5 : 밑면을 조립해 상자를 완성해주세요.

6 : 3의 하트를 상자의 하트에 풀로 붙이고, 반쪽 하트끼리 끼워주세요.

7 : 상자 몸통에 패턴골지리본을 두르고 외리본을 만들어주세요.

8 : 레이스를 두르고 태그(p.264 참고)를 끼운 후 나비리본을 만들어 장식해도 좋아요.

명절이나 부모님 생신이 되면 현금이나 상품권을 자주 선물하게 되지요.
그럴 때 그냥 흰 봉투 말고 곱게 단장한 봉투에 담아드리는 건 어떨까요?
작은 봉투 하나로 평범한 선물이 특별해진답니다.

19 리본버튼으로 곱게 여민 현금·상품권 봉투

 //Ready//

┌ **재료** ··· 스타드림지, 펄샤인포장지,
│   1.5cm/1.8cm폭 공단리본,
│   두꺼운 종이조각
└ **도구** ··· 샤프펜슬, 칼, 가위, 양면테이프

봉투 템플릿은
책 뒤 부록에 있어요.

1 : 봉투 템플릿을 오리고 뒷면 가장
자리에 양면테이프를 붙여 봉투 만들
종이 뒷면에 고정해주세요.

2 : 전개도 안쪽 점선(접히는 선)은
칼등이나 컴퍼스로 접히기 쉽도록
두어 번 그어주세요. 전개도의 실
선은 자를 대고 칼로 그어 오려내
세요.

3 : 봉투의 폭보다 작게, 길이는 조
금 길게 포장지를 잘라 봉투의 겉감
을 준비하고, 오려낸 봉투는 접어주
세요.

4 : 겉감 안쪽 테두리에 양면테이프를
붙여 안감 겉면에 붙여주세요.

봉투를 접어가며 붙이면
안감이 울지 않아요.

5 : 남은 포장지는 봉투 길이에 맞게
잘라주세요.

6 : 시접 부분에 양면테이프를 붙여
주세요.

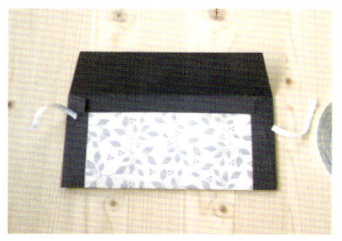

7 : 봉투의 아랫면을 붙여 봉투를 만들 어주세요.

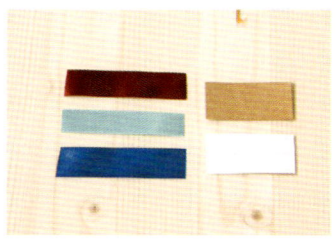

8 : 리본 2~3가지를 준비하고, (가 로 준비한 리본 폭의 합×세로 2.5cm 정도)로 준비해주세요.

9 : 종이조각의 앞뒤에 양면테이프 를 붙인 다음 3가지 리본을 둘러 붙 여주세요.

10 : 9의 뒷면에 절반 정도만 양면테 이프를 붙이세요.

11 : 봉투 뚜껑 아래쪽에 붙여 고정 하고 뚜껑을 끼워주세요.

20 내 초콜릿 선물에 맞는 사각상자

//Ready//

재료 ··· 컬러보드지, 2cm폭 평직리본
도구 ··· 샤프펜슬, 자, 지우개, 칼, 가위,
　　　 글루건이나 양면테이프,
　　　 스테이플러

1 : 내피에 초콜릿을 담고 폭과 길이,
높이를 측정해주세요. 측정한 길이에
0.5cm 정도의 여유분을 더해 상자의
가로, 세로, 높이를 정하세요.

사각상자 템플릿은
책 뒤 부록에 있어요.

2 : 상자 전개도를 그려주세요. 뚜껑
은 종이 두께+0.2cm 정도 크게 만
들어주세요. 전개도를 그릴 때는 종
이 끝의 반듯한 선을 한 변으로 만들
어 활용하고, 상자높이, 상자길이의
치수를 점으로 표기한 후 기준선을
먼저 그으세요.

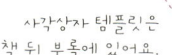

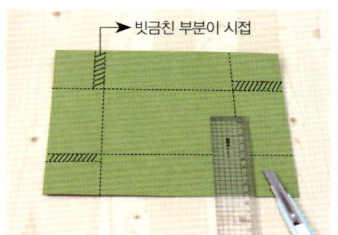

3 : 2에서 그어둔 가장 바깥선에 자
를 대고 칼로 오려주세요. 시접은 그
리지 말고, 한 방향으로 종이를 돌
려가며 자를 대고 칼로 그어 만들어
주세요.

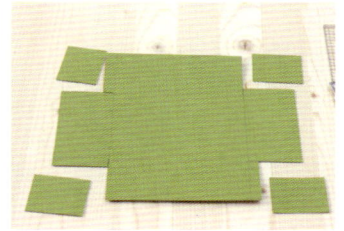

4 : 3에서 만든 시접은 양끝을 어슷
하게 가위로 잘라 모양내세요.

5 : 전개도의 점선(접히는 선)은 칼등
이나 컴퍼스 등으로 접히기 쉽도록 두
어 번 그은 후, 접어주세요.

6 : 글루건이나 양면테이프를 활용해
시접을 붙여 상자를 완성해주세요.

우거운 선물을 담거나, 골판지처럼
두꺼운 종이일 경우에는 양면테이프
보다 글루건을 사용하는 게 좋아요.

7 : 뚜껑도 같은 방법으로 만드세요.

8 : 시작되는 보우의 크기를 크게
해서 웨이브리본을 만들고 리본을
뚜껑 안쪽까지 붙일 수 있는 길이로
여유 있게 잘라주세요.

9 : 뚜껑 안쪽에 웨이브리본의 끝을 양
면테이프로 고정하고, 리본을 잘라 반대
편 뚜껑 안쪽에도 양면테이프를 붙여 고
정해주세요.

10 : 웨이브리본을 자른 리본 위에 붙
여주세요.

11 : 왁스페이퍼나 유산지 등을 깔
고 초콜릿 담은 내피를 얹은 후 덮
어주세요.

요즘에는 집에서 직접 초콜릿을 만들어 선물하는 경우가 많지요.
정성 들여 만든 수제 초콜릿에 딱 맞는 상자, 어디 없을까? 하고 생각하는 이들에게
사각 선물상자 만들기 방법을 소개해요. 뚜껑에 붙어있는 웨이브리본이 로맨틱한 느낌을 더해줍니다.

크리스마스 하면 생각나는 포인세티아로
와인을 장식해보았어요.
빨간 부직포와 초록 리본이 참 잘 어울리는
크리스마스 포장이에요.

21 포인세티아 장식 와인 포장

//Ready//

- **재료** … 부직포, 3cm폭 그레이스 리본, 머메이드지, 공예 와이어
- **도구** … 칼, 가위, 양면테이프, 스탬프와 잉크패드

재단크기

- **가로** … [(병길이+2~3cm여유분)x2]+병밑면
- **세로** … 병둘레+여유분

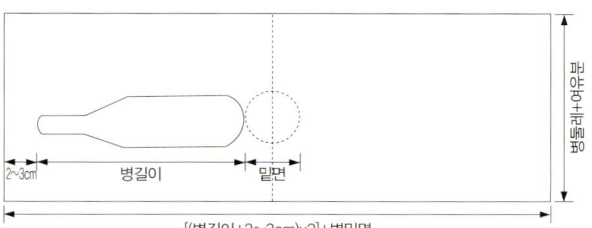

사진에서는 잘 이해할 수 있게 접은 부직포 위에 와인병을 놓았어요

1 : 부직포 끝에 2~3cm 정도 여유분을 남기고 병을 놓아요. 부직포로 병을 덮고 부직포 끝과 맞닿는 지점을 체크해 접은 후 잘라주세요.

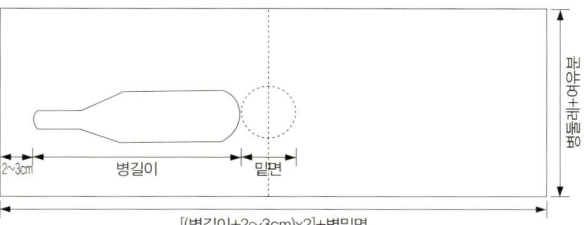

2 : 부직포로 병을 한 바퀴 만 후 약간의 여유분을 둔 지점을 체크하고, 체크지점을 기준으로 부직포를 접어 잘라주세요.

3 : 재단한 부직포 끝에 2~3cm 정도 여유분을 남기고 병을 놓은 후 돌돌 말아주세요.

4 : 마감선이 가운데 오도록 하고 병을 들어 올려 양쪽 부직포를 반으로 접어 모아주세요.

5 : 병 입구에 와이어를 감아 고정한 뒤 리본으로 묶어주세요. 고정했던 와이어를 풀고, 리본을 한 줄 더 잘라 앞의 리본에 얹어 묶어주세요.

6 : 리본 끝은 반으로 접어 반타원형 모양으로 잘라가며 포인세티아 잎 모양처럼 만들어주세요.

7 : 원모양으로 자른 빨강색·흰색 머메이드지를 맞붙이고 메시지를 스탬핑한 후 리본 중심에 양면테이프로 고정해주세요.

크리스마스 트리처럼 꾸며서
한 켠에 장식하고 싶어지는 삼각상자.
초록빛 포장지에 양면테이프를 살짝만 붙이면
풀고 나서도 재활용할 수 있는 미니트리 같은 포장이에요.

22 트리처럼 장식하는 삼각상자 포장

//Ready//

┌ **재료** ⋯ 펄구김주름지, 1cm폭 폴리사선리본,
│   라벨 템플릿
└ **도구** ⋯ 칼, 가위, 양면테이프

1 : 재단할 때 손다림질해놓은 선에 맞게 상자를 포장지 위에 놓아요. 포장지로 상자를 덮어주세요.

2 : 포장지를 높이면에 맞게 접어 넣고 아래쪽 포장지를 끌어 올려 상자의 높이 모서리에 맞게 접어 넣어요.

3 : 윗면을 덮은 포장지는 상자 모서리선에 맞게 손다림질해 주세요.

4 : 손다림질한 시접 부분을 안쪽으로 접어 넣어주세요.

5 : 마지막 변은 먼저 포장지 양쪽을 높이면에 맞게 접어 넣어주세요.

6 : 아래쪽 포장지를 끌어올려 상자의 높이 모서리에 맞게 양옆을 접어 넣어주세요.

7 : 6의 포장지로 윗면을 덮고 상자 모서리선에 맞게 손다림질한 후 안쪽으로 접어 넣어주세요.

8 : 밑변과 수직이 되게 바깥으로 한 번 접어주세요.

8 : 밑변과 수직이 되게 바깥으로 한 번 접어주세요.

9 : 다시 안쪽으로 접어 넣고 양면테이프로 고정해주세요.

10 : 폴리사선리본으로 상자를 두르고 나비리본을 만들어주세요. 상자 앞에 라벨 템플릿을 오려 붙여주세요.

라벨 템플릿은 p.271에 있어요.

나뭇가지로 장식한 크리스마스카드 만들기

🧵 **재료** … 종이, 레터링지, 나뭇가지, 마끈 **도구** … 글루건, 양면테이프

A4용지로 카드 속지를 만들어 카드 안쪽에 붙여주어도 좋아요.

1 종이를 14×16cm로 잘라 준비하고 반으로 접어주세요. 2 한쪽 가장자리에 레터링지로 Merry Christmas를 새겨주세요. 3 나뭇가지를 하나는 길게 자르고 짧은길이에서 긴길이 순으로 세 개를 잘라 준비해주세요. 4 긴 나뭇가지에 짧은 나뭇가지부터 길이 순서대로 마끈으로 감아 고정해주세요. 마끈으로 감을 때는 마끈이 x자 모양이 되도록 두 번씩 감아 뒤에서 묶어주세요. 5 나머지 나뭇가지들도 x자 모양으로 감아 뒤에서 묶어주세요. 6 트리모양처럼 만든 나뭇가지를 글루건이나 양면테이프로 카드 앞에 붙여주세요.

삼각상자 보자기식 포장 재단법

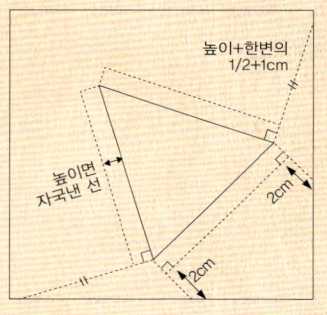

높이+한변의
1/2+1cm

높이면
자국낸 선

2cm

2cm

2cm

2cm

1 상자를 포장지 오른쪽 끝에 놓고 양옆이 2cm 정도 올라오도록 포장지 끝을 상자 중심에 맞춰주세요.

2 오른쪽 포장지로 상자를 덮고 상자의 왼쪽 변을 손다림질해 주세요. 왼쪽 변 중심보다 1cm 정도 아래로 내려온 지점을 체크해 주세요.

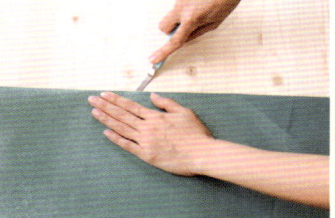

3 체크한 점을 기준으로 포장지를 접어 잘라주세요.

4 포장지 양끝을 삼각형 모양으로 살짝 접어 정사각형 크기를 체크해주세요.

5 체크지점을 기준으로 포장지를 접어 잘라주세요(정사각형 재단).

크리스마스 보빈박스를 소개해요. 템플릿을 오려서 예쁘게 접어 만들어보세요.
참, 보빈은 실이나 끈을 감는 실패를 말한답니다.
손바느질이 취미인 지인에게 선물하려고 만들었어요.

[23] 크리스마스 보빈 선물상자

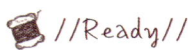
//Ready//

- **재료** … 트위스트지, 2.5cm폭 면리본
- **도구** … 칼, 자, 가위, 양면테이프

템플릿은
책 뒤 부록에 있어요.

1 : 전개도 템플릿을 오리고 뒷면 가장자리에 양면테이프를 조금 붙여 고정해주세요.

2 : 전개도 안쪽 점선은 칼등이나 컴퍼스로 접히기 쉽도록 두어 번 그어주세요. 전개도의 실선은 자를 대고 칼로 그어 오려내세요.

3 : 접히는 선을 따라 상자를 접어주세요.

4 : 선물을 담고 시계방향으로 한 면씩 덮어 상자를 조립해주세요.

5 : 마지막 면은 처음 덮었던 면 아래 끼워 넣어주세요.

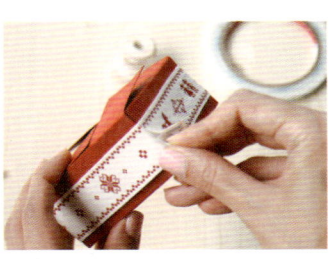

6 : 상자높이면에 면리본을 두르고 양면테이프를 붙여요.

은은하게 반짝이는 메탈지로 크리스마스 분위기를 살린 포장이에요.
빨간 가죽끈과 라벨로 장식하니 참 잘 어울리죠?

24 라벨로 장식한 실버 크리스마스 선물

//Ready//

☐ **재료** … 메탈지, 인조가죽끈, 라벨 템플릿
☐ **도구** … 칼, 가위, 양면테이프

✂ **재단방법은 p.193 참고**

☐ **가로** … 상자둘레+윗면폭
☐ **세로** … 상자길이+[(높이+2~3cm)x2]

1 : 포장지 긴길이의 중심에 선물을 놓고 포장지 양끝으로 선물상자 윗면을 덮어주세요.

2 : 양옆 높이면을 접어 넣으세요.

3 : 아래쪽 포장지는 양쪽 모두 높이면 모서리에 맞게 접어 넣어 주세요.

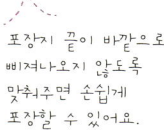

포장지 끝이 바깥으로 삐져나오지 않도록 맞춰주면 손쉽게 포장할 수 있어요.

4 : 상자 윗면을 덮어주세요.

5 : 반대편도 2~4와 같은 방법으로 포장해주세요.

6 : 5에서 덮은 부분의 끝을 일직선으로 접어 넣고, 안쪽에 양면테이프를 붙여 상자에 고정해주세요.

7 : 인조가죽끈을 두른 후 라벨 템플릿을 붙여주세요.

템플릿은 p.271에 있어요.

— Wrapping Essay —

잊지 못할 한 땀 한 땀의 정성들

변줌쉬잔님으로부터 온 특별한 선물

내가 그녀를 알게 된 건 4, 5년 전쯤. 블로그 시작한 지 얼마 되지 않았을 때 내게 말 걸어오기 시작한 사람, 변줌쉬잔님. 더불어 제가 맨 처음 선물놀이를 시작한 이웃이지요.

궁금한 맘에 처음 그녀의 블로그에 놀러갔을 때 눈에 들어온 글귀 하나, '술잔을 들고 나니 천하가 발밑에 있고, 미남 또한 내 앞에 있으니 클레오파트라가 부럽지 않구나.'

그녀의 호탕한 위트에 한참을 웃었고 '배우려거든 진짜를 배워라!'라는 블로그 제목에서 느껴지는 당당함과 진지함, 블로그 구석구석에서 풍기는 사람냄새에 호감을 느껴 종종 왕래하기 시작했어요.

쿠키와 스콘 만드는 재미에 한창 빠져있던 즈음, 비록 못난이들이지만 그간 고마웠던 마음을 담아 쉬잔님에게 떠웠어요. 그리곤 늘 그렇듯 잊고 지냈지요.

그러던 어느 날, 내게 전해진 상자 하나.

얼떨결에 받기는 했지만 뭔가 주문한 적이 없는데… 택배상자 앞에 써있던 '가현글 이야기'라는 쉬잔님이 운영하는 서점이름을 보고서야 아, 그럼 서프라이즈 선물!!!

상자를 열고 곱게 싼 물건들을 하나씩 꺼내보기 시작~ 거기엔 느낌 좋고 색감 고운 리넨 파우치며 카드지갑, 귀여운 양 인형, 작은 비즈를 일일이 꿰어 만든 미니 신발모양 비즈핸드폰

고리 세트 등이 들어있었어요. 처음엔 모두 구입한 것인 줄 알았는데, 나를 더 놀라게 한 건 모두 쉬잔님이 손수 만들었다는 사실! 서점을 운영하는 쉬잔님이 패브릭으로 이런저런 것들을 만든다는 사실은 알고 있었지만 그리 솜씨가 좋을 줄이야~. 다음해에도, 또 그 다음해에도 손수 만든 리넨가방이며 룸슈즈, 티매트, 티워머 등등 너무나 아기자기하고 사랑스러워서 쓰기도 아까운 아이들을 제게 선사해주었어요.

때론 미싱질도 했겠지만 일일이 손바느질해야 할 때가 많아 손도 많이 가고 힘들었을 텐데 미안해서 어찌 받느냐고 하면, 카페며 학교에서 강의 아이템을 만들 때마다 내 것도 하나씩 더 만들어두었기에 그리 힘들지 않았노라고 대답하는 그녀.

한번은 직접 만든 요요를 계란판에 하나씩 붙여 만든 벽걸이 장식을 선물받은 일이 있었어요. 모두 다른 천으로 만든 동글동글한 요요를 붙인 그 사랑스런 벽걸이를 보는 순간 어찌나 가슴이 찡~하던지. 거기에 우리 엄마를 위한 비단과 리넨으로 만든 지갑까지 보고선 눈물이 핑그르르~

그 사람에게 어울릴만한 색깔의 천을 고르고 재단하고 바느질하는 그 모든 과정들은 얼마나 많은 시간과 노력과 정성이 들어가야 하는 일일까요? 핸드메이드 선물도 만들어본 사람이 알 수 있다고 겉으로 보기엔 천으로 만든 그 무엇이지만, 그건 받는 사람을 진심으로 생각하고 위하는 마음 없이는 절대로 할 수 있는 일이 아니지요.

그 마음들을 읽은 후부터는 일상에 지쳤을지라도 선물을 준비하고 포장한답니다. 그런데도 전 늘 쉬잔님보다 늦장이지요. 주로 가을바람을 타고 오는 그녀의 선물에 비해 제 선물은 보통 겨울바람을 타니 말이에요. 올해는 꼭 한 가지 보내고 싶은 게 있었어요.

바로 보빈과 직접 만든 보빈박스, 그리고 쇠골무. 한번은 그녀의 블로그에 놀러갔는데 골무가 구멍이 났다는 포스트를 본 적이 있었거든요. 그리고 그녀의 책상 위에 제법 어울릴 것만 같은 우드보빈들, 미싱용 보빈에는 색 고운 마끈도 감아 제가 만든 보빈박스에 담아 보내려고 해요. 더불어 우리 사이가 오래도록 이어지고 여물어가길 기대하는 마음도 담아.

Tag

포장에 악센트를 주는 태그. 기본포장에 예쁜 태그 하나만 달아주어도
자신만의 개성있는 포장을 할 수 있어요. 바람마녀만의 손쉬운 태그 만들기, START!

책 포장 p.95 참고

나만의 포장지
p.71 참고

시판 태그용지 & 마스킹테이프 활용하기

태그를 많이 쓸 경우에는 여러 가지 시판 태그용지를 구입
해서 사용해도 좋아요. 링 라벨이 붙어있는 태그용지에 마
스킹테이프를 뜯어서 붙이고 원하는 메시지를 스탬핑해주
면 간단하게 개성있는 태그가 완성돼요.

 재료 & 도구 … 시판 태그용지, 마스킹테이프, 스탬프와 잉크패드

1 : 태그용지에 여러 색깔의 마스킹테이프를 뜯어 붙여
    원하는 디자인을 해보세요.
2 : 메시지 스탬프로 원하는 메시지를 찍어주세요.

시판 태그용지 & 링 라벨로 만들기

만들기에 자신이 없다면 시판 태그용지와 링 라벨을 활용
해보세요. 여기에 예쁜 이미지의 스탬프나 메시지 스탬프
로 스탬핑하면 나만의 태그를 만들 수 있답니다.

 재료 & 도구 … 시판 태그용지, 링 라벨, 스탬프와 잉크패드

1 : 시판 태그용지에 이미지 스탬프를 겹쳐서 찍어주세요.
2 : 이미지 위에 메시지 스탬프로 스탬핑해주세요.
3 : 태그용지 구멍 위에 링 라벨을 붙여주세요.

화장품 주머니
p.85 참고

링 라벨 만들기 & 태그에 스트링 끼우기

포장지나 리본 색깔에 어울리는 링 라벨로 장식한 태그를 사용하고 싶다면 링 라벨을 직접 만들어보세요. 링 라벨의 예쁜 색깔로 더 돋보이는 태그가 됩니다.

🧵 **재료 & 도구** … 수채화용지, 머메이드지, 스탬프와 잉크패드, 풀, 아일렛펀치, 모양자, 샤프펜슬, 가위, 마끈

1 : 원하는 색깔의 머메이드지 조각에 아일렛펀치로 구멍을 뚫어요.

2 : 원모양의 모양자 아래 1의 구멍이 중심에 오도록 놓고 샤프펜슬로 원을 그린 후, 오려주세요.

3 : 수채화용지를 원하는 태그의 크기로 잘라 준비하고, 메시지를 스탬핑해주세요.

4 : 3에 아일렛펀치로 구멍을 뚫고 2의 링 라벨을 붙여주세요.

5 : 반 접은 마끈을 태그 구멍에 끼우고, 반대편 마끈을 반 접은 마끈 사이로 넣어 당겨주세요.

봉투만들기
p.57 참고

스탬핑 & 컬러링 태그

아기자기한 모양의 스탬프들을 보면 고운 색을 칠하고 싶은 생각이 들죠. 생일축하케이크 스탬프에 색연필로 색을 칠하고 있으면, 케이크 시트에 생크림을 예쁘게 짜고 있는 듯한 기분이 들어요. 색만 잘 칠해도 카드 못지 않은 태그를 만들 수 있어요.

🧵 **재료 & 도구** … 카드용지, 스탬프와 잉크패드, 색연필이나 마커펜, 라운드펀치, 아일렛펀치

1 : 스탬프 이미지 크기에 맞게 종이를 자르고 스탬핑해주세요.

2 : 라운드펀치로 네 군데 가장자리를 둥글려주세요.

3 : 색연필이나 마커펜으로 원하는 색깔을 칠해보세요.

4 : 아일렛펀치로 구멍을 뚫어주면 완성이에요.

자투리 포장지로 만드는 메시지 태그

컵포장
p.93 참고

포장을 하다 보면 자투리 포장지가 참 많이 나오죠. 그런 포장지들을 버리지 말고 오려서 태그를 만들어보세요. 별도의 태그용지를 구입하지 않아도 된답니다.

 재료 & 도구 … 자투리 포장지, 링 라벨, 아일렛펀치, 스탬프와 잉크패드

 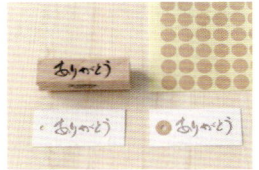

1 : 자투리 종이를 적절한 크기로 오리고 아일렛펀치로 구멍 뚫어주세요.

2 : 구멍에 링 라벨을 붙이고, 감사하다(*ありがとう*)는 뜻의 일본어 스탬프를 찍어주었어요.

레이스 달린 태그 만들기

하트 선물상자
p.243 참고

태그에 레이스를 달아 로맨틱하고 화려한 분위기를 만들어 보았어요. 자투리 포장지와 여러 가지 스탬프의 조합을 더하면, 아기자기한 태그 하나가 완성돼요.

 재료 & 도구 … 크린에코지, 자투리 포장지, 레이스, 스탬프와 잉크패드, 아일렛펀치, 풀, 양면테이프

1 : 상자를 만들고 남은 크린에코지에 자투리 포장지를 잘라 풀로 붙여주었어요.

2 : 1에 여러 가지 스탬프를 찍은 다음, 태그 끝에 양면테이프를 붙이고 레이스를 잘라 붙여주세요.

3 : 태그 가장자리에 구멍을 뚫고 스트링을 끼워주세요.

꽃으로 수놓은 태그

웨딩포장
p.205 참고

순백색의 꽃으로 수놓은 웨딩드레스처럼 만들어본 태그. 몇 가지 도구만 있으면 손쉽게 꽃을 만들 수 있어요.

 재료 & 도구 … 꽃 모양 펀치, 스타일러스, 코르크판, 아일렛펀치, 수성접착제, 엠보싱 종이, 스탬프와 잉크패드

1 : 종이를 꽃 모양 펀치와 아일렛펀치로 뚫어 꽃 모양과 원모양을 만들어주세요.

2 : 코르크판 위에 1을 놓고 스타일러스로 문질러 입체적인 꽃과 원모양을 만드세요.

3 : 꽃 중심에 수성접착제를 찍어 원모양을 붙여주세요. 손으로 붙여도 되지만, 집게가 있으면 좀더 편리하게 붙일 수 있어요.

4 : 태그용지를 사용하거나 태그 템플릿을 활용해 태그를 만들고 Happy Wedding 메시지를 스탬핑한 후, 3의 뒷면에 수성접착제를 발라 태그에 붙여주세요.

템플릿은
p.273에
있어요.

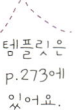 

레터링지로 만드는 태그

깡통포장
P.187 참고

스탬프가 없을 경우엔 문구점에서 쉽게 구입할 수 있는 레터링지를 활용해보세요. 예쁜 폰트로 하고 싶은 이야기들을 적으면 선물을 주는 의미가 돋보일 거예요.

 재료 & 도구 … 크린에코지나 크래프트 보드지, 링 라벨, 아일렛펀치, 레터링지, 스타일러스나 샤프펜슬

 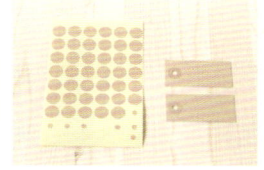

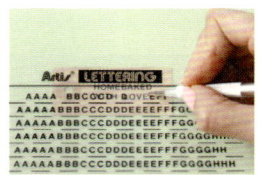 

1 : 상자를 만들고 남은 자투리 크린에코지나 크래프트 보드지 등을 잘라 아일렛펀치로 구멍을 뚫어요.
2 : 구멍에 링 라벨을 붙여주세요.
3 : 레터링지로 원하는 메시지를 새겨주세요. 레터링지를 스타일러스나 샤프펜슬 등의 뾰족한 도구로 문지르면 글자가 새겨진답니다.

예쁜 종이 오리기

포장지를 두르기만 하면 OK!
P.99 참고

패턴이나 색감이 예쁜 종이, 포장지를 오려서 태그로 활용해도 좋아요. 오릴 때는 원이나 사각형 등 다양한 형태로 오려보세요. 여기에 링 라벨 대신 아일렛을 끼워주면 금세 태그 하나가 완성돼요.

 재료 & 도구 … 패턴지, 아일렛세트, 가위, 컴퍼스, 모양 자

1 : 패턴지의 원하는 부분을 원모양으로 오려내세요. 원모양으로 오릴 때는 컴퍼스나 모양 자 등을 활용하면 돼요.
2 : 1에 아일렛펀치로 구멍을 뚫어요.
3 : 2에 아일렛을 끼워주세요.

포장지 오려 만들기

지퍼백 리폼 포장
P.165 참고

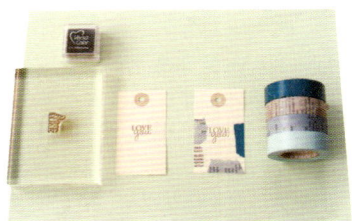

포장하고 남은 포장지를 오려 태그를 만들 수도 있답니다. 여기에 마스킹테이프를 찢어서 장식해보세요.

 재료 & 도구 … 자투리 포장지, 링 라벨, 아일렛펀치, 마스킹테이프, 스탬프와 잉크패드

1 : 자투리 포장지를 오려서 아일렛펀치로 구멍을 뚫고 링 라벨을 붙여요.
2 : 가장자리에 마스킹테이프를 찢어 붙이면 태그 완성이에요.

자주 가는 재료숍을 소개해요

제가 즐겨 찾는 단골 숍을 소개할게요. 포장지와 리본을 비롯해
선물상자, 오너먼트 등 다양한 재료가 필요할 때 한번 찾아가보면 좋은 곳이랍니다.

❶ 대도지물
포장지, 리본, 선물상자, 태그용지, 장식용 오너먼트, 선물포장의 기본도
구 등을 판매하는 선물포장재료 종합도매상점. 시트 포장지들이 다양
한 편이고, 국산 포장지뿐만 아니라 수입 포장지들도 구입할 수 있답니
다. 상자는 스타드림지로 전체를 싸고 바른 상자처럼 기본 디자인의 선
물상자들이 주를 이루는 편. 리본은 롤로 판매하고, 수입리본 몇 종류
만 마 단위로 판매해요.
02-752-8202 / 남대문상가 숭례문 인근

❷ 디앤디
포장지와 리본은 물론, 부직포나 왁스페이퍼, 구슬과 같은 장식용 오너
먼트, 꽃프장 재료 등을 판매하는 포장재료 종합도매상점이에요. 다양
한 롤과 시트 부직포, 롤 왁스지를 구입할 수 있는 게 장점이지요.
02-3478-0846 / 반포 고속버스터미널 경부선 3층 250호

❸ 지상낙원
두성종이에서 운영하는 온라인 종이쇼핑몰. 다채로운 색감과 질감, 두
께의 종이공예용 종이와 그래픽 용지들, 재생용지와 같은 친환경 용지
등을 판매해요. 주로 4절지 단위가 많고 2절지의 경우엔 몇 가지 종류
를 제외하곤 5장 묶음으로 주문 가능해요.
http://www.paperangel.co.kr

❹ 가베리본
다양한 종류의 리본을 판매하는 리본전문 온라인쇼핑몰. 공단에서부
터 골지, 오건디, 벨벳, 폴리 등 리본원단의 기본 리본부터 패턴디자인
이 가미된 리본까지 비교적 다양하게 구입할 수 있어요. 마 단위로 구
입 가능한 게 장점이에요.
http://gaberibbon.com

❺ 네스홈
리넨과 커튼지, 코튼, 오가닉 등 다양한 디자인과 패턴의 원단을 자체
생산·판매하는 원단전문 온라인쇼핑몰이에요. 내추럴하고 고급스러운
분위기의 리넨과 원단이 많답니다.
http://www.nesshome.com

❻ 포장119
베이커리 포장용품 제조사인 일본 토고사의 한국총판업체로, 주로 여
러 나라의 수입 포장재료들이 많은 곳이에요. 유산지나 비닐봉투 등의
베이커리 포장재료와 일본수입 포장지와 라피아끈, 스티커 등을 구입
할 수 있답니다. 방산종합상가 내에 오프라인매장이 있고 온라인쇼핑
몰을 활용해도 좋아요.
02-2263-4119 / 방산시장 내 B동
http://www.package119.com

❼ 강남 고속버스터미널 경부선 3층 소품상가
아기자기한 소품이나 바구니, 조화, 생화 등을 구입할 수 있는 곳. 평일
이용시간은 생화시장이 밤 12시부터 오후 1시까지이고, 조화와 소품시장
이 밤 12시부터 저녁 6시까지예요.

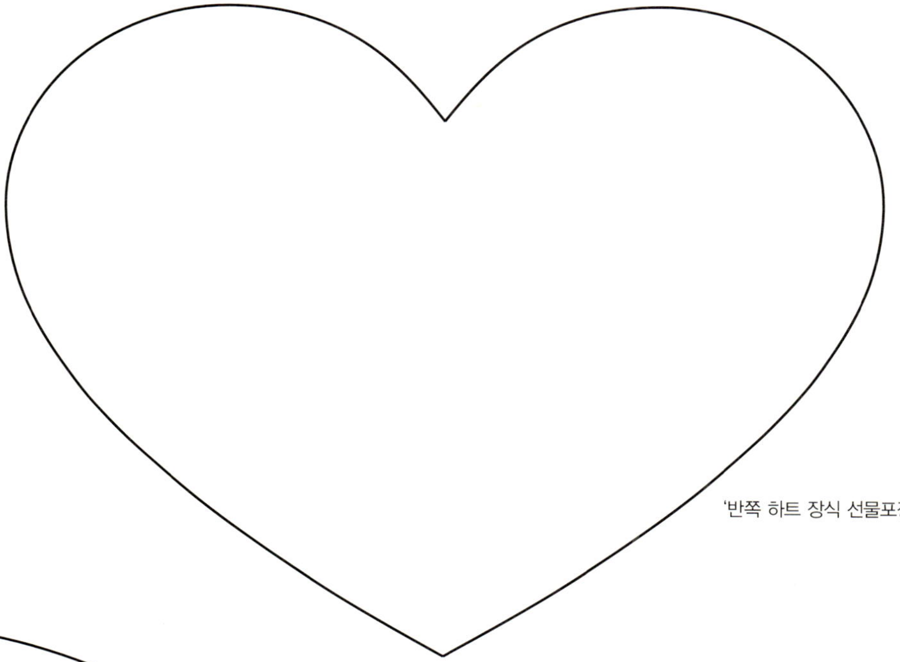

'반쪽 하트 장식 선물포장' p.228

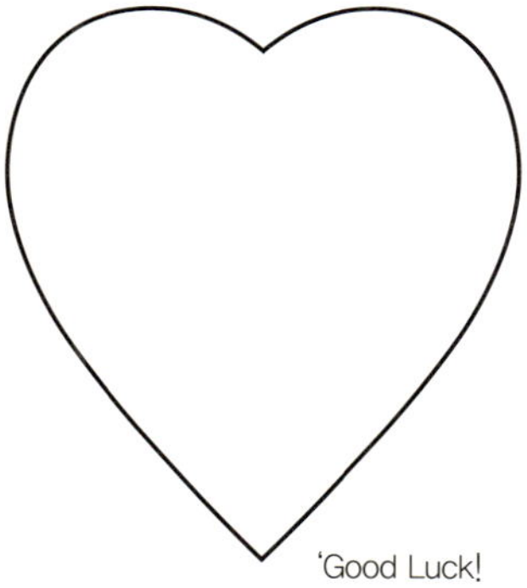

'Good Luck!
네잎클로버 포장' p.218

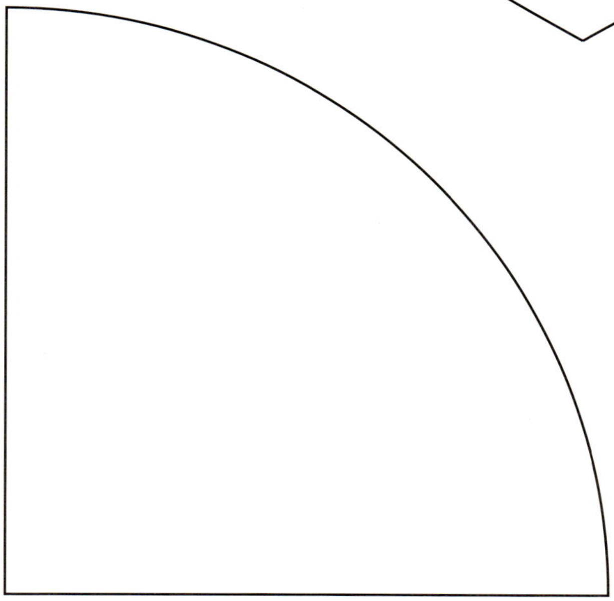

'메시지 폭죽 단 투명케이크박스' p.216

'라벨로 디자인하는 선물상자' p.194

'비닐봉투와 리본, 라벨로 만드는 사탕 포장' p.240

'펠트지로 꾸민
어린이날 선물' p.212

'Kiss me 삼각팩 포장' p.230

'상자처럼 만드는 심플 네모 봉투' p.62

고맙습니다

사랑합니다

건강하세요

행복하세요

'네 가지 메시지를 담은 쿠키포장' p.86

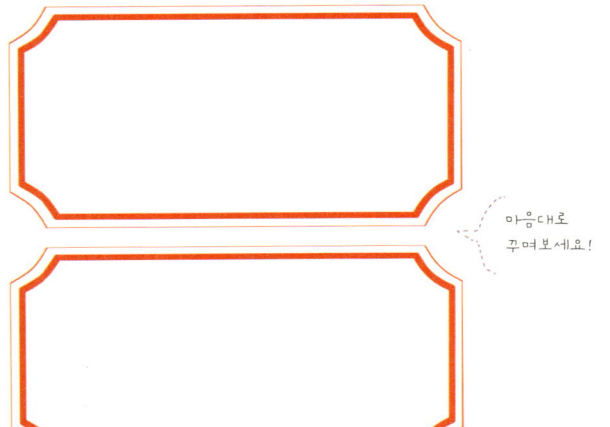

마음대로
꾸며보세요!

'눈꽃라벨로 장식한 육각상자' p.128

MERRY
CHRISTMAS

MERRY
CHRISTMAS

'트리처럼 장식하는 삼각상자 포장' p.252

MERRY CHRISTMAS
HAPPY NEW YEAR

MERRY CHRISTMAS
HAPPY NEW YEAR

'라벨로 장식한 실버크리스마스 선물' p.258

절취선

'알파벳 이니셜 라벨포장' p.174

태그만들기에
활용해보세요!

'내추럴 필로우박스' p.172

마음을 이어주는 조금 특별한 선물포장 이야기

바람마녀의 선물포장 토크

글·사진　최주희
발행인　장상원
편집인　이명원

초판 1쇄　2010년 12월 24일
3쇄　2014년 5월 20일

발행처　(주)비앤씨월드
　　　　　출판등록 1994. 1. 21. 제16-818호
　　　　　주소 서울특별시 강남구 청담동 40-19
　　　　　전화 (02)547-5233　　팩스 (02)549-5235

진행　정다혜
협찬　마키(02-541-5972), 뻬에스몽테 과자점(02-875-8600)

인쇄　신화프린팅

ISBN　978-89-88274-69-9

http://www.bncworld.co.kr

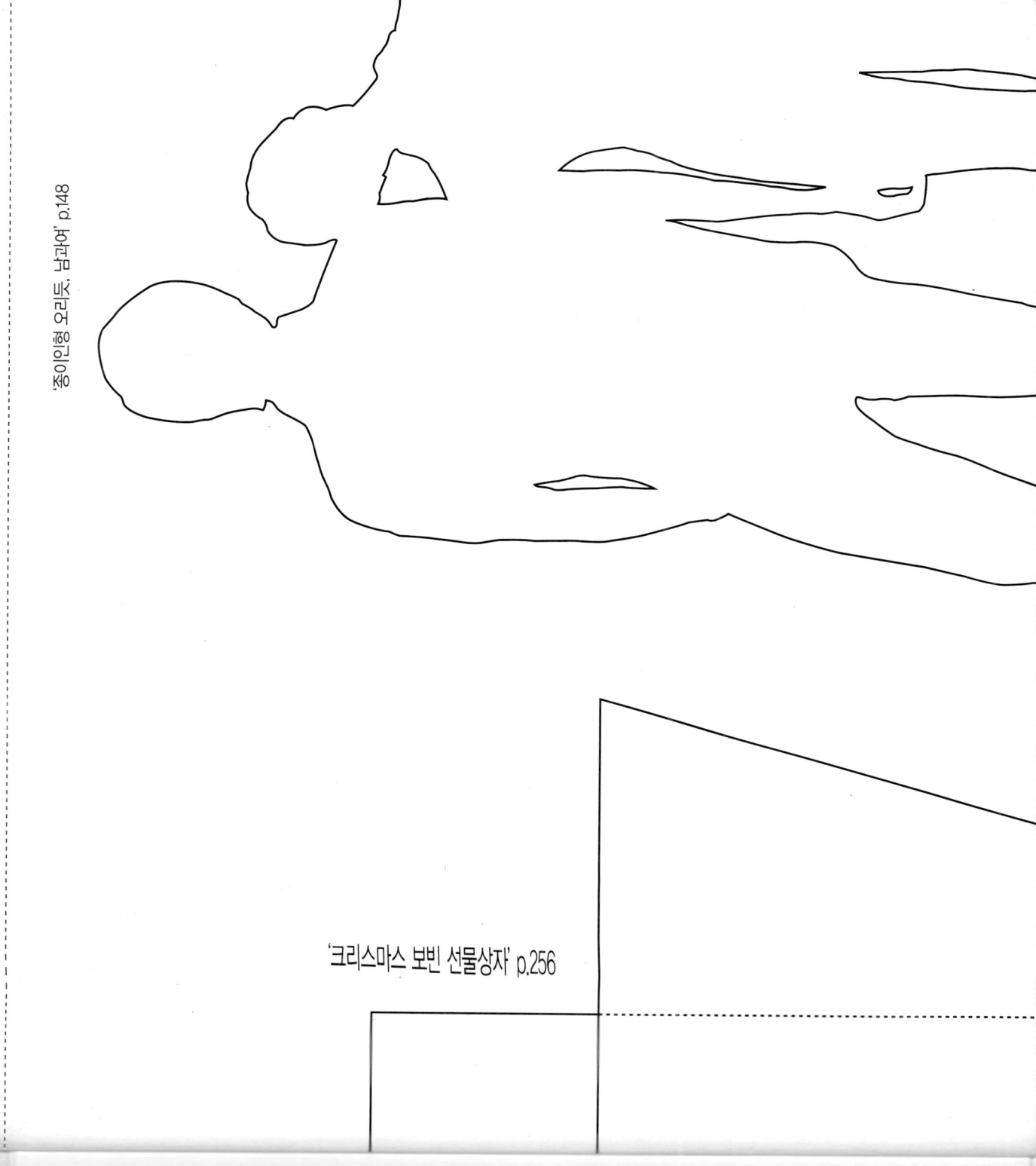

'종이인형 어리듯, 남과여' p.148

'크리스마스 보빈 선물상자' p.256

'내 조금일 산동에 있도 사가장자(유정), p.247